基于采购全流程管理的高校图书馆采购工作对策研究

王金森　著

中国财经出版传媒集团
中国财经经济出版社
·北京·

图书在版编目（CIP）数据

基于采购全流程管理的高校图书馆采购工作对策研究 / 王金森著. -- 北京：中国财政经济出版社，2025. 1.
ISBN 978 - 7 - 5223 - 3677 - 0

Ⅰ. G253. 1

中国国家版本馆 CIP 数据核字第 2025GD8009 号

责任编辑：罗 荀　　　　责任校对：徐艳丽
　　　　　　　　　　　责任印制：史大鹏

基于采购全流程管理的高校图书馆采购工作对策研究
JIYU CAIGOU QUANLIUCHENG GUANLI DE GAOXIAO TUSHUGUAN
CAIGOU GONGZUO DUICE YANJIU

中国财政经济出版社 出版

URL：http：//www. cfeph. cn

E - mail：cfeph@ cfeph. cn

社址：北京市海淀区阜成路甲 28 号　邮政编码：100142

营销中心电话：010 - 88191522

天猫网店：中国财政经济出版社旗舰店

网址：https：//zgczjjcbs. tmall. com

涿州汇美亿浓印刷有限公司印刷　各地新华书店经销

成品尺寸：170mm × 240mm　16 开　12. 75 印张　138 000 字

2025 年 1 月第 1 版　2025 年 1 月河北第 1 次印刷

定价：88. 00 元

ISBN 978 - 7 - 5223 - 3677 - 0

（图书出现印装问题，本社负责调换，电话：010 - 88190548）

本社图书质量投诉电话：010 - 88190744

打击盗版举报热线：010 - 88191661　QQ：2242791300

前　言

PREFACE

在知识经济与信息时代飞速发展的当下，高校图书馆作为高校教学与科研的重要支撑力量，其馆藏资源的丰富性与质量高低，直接影响着师生的学习、研究体验以及高校的学术氛围营造。而采购工作作为高校图书馆获取优质资源的关键环节，其成效对图书馆的服务水平和发展前景起着决定性作用。

近年来，随着高校教育教学改革的不断深入以及学科建设的快速发展，师生对图书馆资源的需求呈现出多样化、专业化、个性化的趋势。一方面，各学科前沿知识的不断涌现，要求图书馆及时补充最新的学术著作、研究报告等资源；另一方面，数字化阅读的兴起，使得师生对电子图书、数据库等数字资源的需求日益增长。然而，当前高校图书馆采购工作在应对这些变化时，暴露出了诸多问题。

从采购需求分析来看，由于缺乏有效的沟通机制和需求调研方法，图书馆难以准确把握师生的实际需求，导致采购的资源与师生需求存在偏差，部分资源利用率低下。在采购预算管理方面，有限的采购经费与不断增长的资源需求之间的矛盾日益突出，预算分配不合理、经费使用效率不高等问题普遍存在。采购供应商选择上，市场上供应商良莠不齐，部分供应商提供的资源质量不高、服务不到位，影响了图书馆的资源建设和服务质量。采购合同执行过程中，也时常出现交货延迟、货物与合同不符等情况，增加了图书馆的管理成本和风险。

为了有效解决这些问题，引入全流程管理理念成为高校图书馆采购工作的必然选择。全流程管理强调对采购工作的各个环节进行系统规划、协调和控制，从采购需求的提出到采购项目的结束，涵盖需求分析、预算编制、供应商选择、合同签订与执行、验收评估等全过程。通过全流程管理，可以提高采购工作的效率和质量，优化资源配置，降低采购成本，增强图书馆的服务能力和竞争力。

本书旨在深入探讨基于全流程管理的高校图书馆采购工作对策。通过对高校图书馆采购工作现状的全面调研和分析，结合全流程管理的理论和方法，提出针对性的改进措施和建议。希望本研究能够为高校图书馆采购工作提供有益的参考，推动高校图书馆采购工作的科学化、规范化和现代化发展，更好地满足高校师生的知识需求，为高校的教学和科研工作提供有力的支持。

目 录
CONTENTS

第1章 高校图书馆采购工作现状 …………………… 1

1.1 高校图书馆采购工作现状 …………………… 3
1.2 高校图书馆资源建设的重要性 …………………… 6
1.3 高校图书馆采购工作的特点 …………………… 7
1.4 高校图书馆采购工作的挑战与机遇 …………………… 10
1.5 高校图书馆采购工作的未来发展方向 …………………… 12

第2章 政府采购概述 …………………… 15

2.1 政府采购的含义及特点 …………………… 17
2.2 政府采购的含义 …………………… 18
2.3 政府采购的功能 …………………… 22
2.4 政府采购的特性 …………………… 26
2.5 政府采购方式 …………………… 28

第3章 高校图书馆采购工作的内容体系与运行机制 …………………… 31

3.1 高校图书馆的功能与定位 …………………… 33

3.2 高校图书馆资源建设内容体系 …… 34
3.3 高校图书馆信息化建设内容体系 …… 36
3.4 高校图书馆采购工作的运行机制 …… 38

第 4 章 中文纸质图书采购 …… 41

4.1 我国中文纸质图书采购概况 …… 43
4.2 中文纸质图书采购流程 …… 45
4.3 中文纸质图书采购存在的问题 …… 63
4.4 优化中文纸质图书采购的对策 …… 63

第 5 章 中文数字资源采购 …… 65

5.1 中文数字资源采购概况 …… 67
5.2 数字资源适用的采购方式 …… 68
5.3 中文数字资源采购存在的问题 …… 78
5.4 优化中文数字资源采购的策略 …… 80

第 6 章 外文纸质图书采购 …… 83

6.1 我国外文纸质图书采购概况 …… 85
6.2 外文纸质图书采购流程 …… 85
6.3 外文纸质图书采购存在的问题 …… 89
6.4 优化外文纸质图书采购的建议 …… 90

第 7 章 外文数字资源采购 …… 93

7.1 我国高校图书馆外文数字资源建设概况 …… 95
7.2 外文数字资源采购流程 …… 97
7.3 外文数字资源采购存在的问题 …… 101
7.4 优化外文数字资源采购的建议 …… 102

第 8 章 图书馆采购信息化建设 …… 105

8.1 政府采购信息化平台研究 …… 107

8.2 基于大数据分析的智能图书馆采购平台建构研究 …… 111

附录 …… 116

参考文献 …… 194

第1章

高校图书馆采购工作现状

1.1 高校图书馆采购工作现状

教育部2002年印发的《普通高等学校图书馆规程（修订）》第一条就明确指出高校图书馆是为教学和科研服务的学术性机构，是学校信息化和社会信息化的重要基地。图书馆的工作是学校教学和科研工作的重要组成部分，图书馆的建设和发展水平是学校总体水平的重要标志。因此，作为人才培养的第二课堂，图书馆的水准是高校综合竞争力强弱的晴雨表。

现代政府采购活动最早形成于18世纪末19世纪初，而我国政府采购活动追溯至20多年前，图书馆行业的政府采购活动实践经验则为匮乏，政府采购制度的体系建设尚待完善。高校图书馆作为学术资源的重要载体，其采购工作直接关系到教学、科研和学习的质量。目前，我国各高校图书馆的采购工作呈现以下现状：

（1）采购模式：传统与创新并存。

①传统采购模式。目前，许多高校图书馆仍采用传统的采购模式，即以年度预算为基础，通过招标、询价等方式集中采购纸质书籍、电子资源和数据库。这种模式虽然流程规范，但往往缺乏灵活性，难以快速响应读者需求的变化。例如，某高校图书馆在采购外文期刊时，由于招标流程复杂，新期刊上架时间延迟，影响了科研人员的文献获取。

②创新采购模式。部分高校图书馆开始尝试创新采购模式，如需求驱动采购（DDA）和按需采购（PDA）。例如，某高校图

书馆与电子书供应商合作，允许读者在一定期限内免费试用电子书，根据试用数据决定是否正式采购。这种模式不仅提高了采购的精准性，还降低了资源的浪费。

（2）需求管理：科学性与合理性不足。

①需求调研不足。许多高校图书馆在采购前缺乏系统的需求调研，导致采购的资源与读者实际需求脱节。例如，某高校图书馆在采购一批专业书籍时，未充分征求相关院系的意见，导致部分书籍内容过于基础，无法满足高年级学生和科研人员的需求。

②需求编制不科学。采购需求的编制往往由图书馆内部人员完成，缺乏专业性和系统性。例如，某高校图书馆在采购数据库时，未充分考虑数据库的学科覆盖范围和更新频率，导致部分数据库使用率低下。

③读者参与度低。在高校图书馆的采购决策中，读者参与度普遍较低。尽管部分图书馆开通了读者推荐渠道，但由于宣传不足或流程复杂，读者的建议往往未能得到有效落实。

（3）技术应用：智能化水平有待提升。

①电子化采购平台。部分高校图书馆已引入电子化采购平台，实现了采购流程的在线化和透明化。例如，某高校图书馆通过电子平台完成了从需求提报、供应商选择到合同签订的全流程，大大提高了采购效率。

②大数据与人工智能应用不足。尽管大数据和人工智能技术在图书馆领域的应用前景广阔，但目前高校图书馆在采购中的技术应用仍处于起步阶段。例如，某高校图书馆虽然积累了大量的读者借阅数据，但未能充分利用这些数据优化采购决策。

③资源共享平台建设滞后。高校图书馆之间的资源共享平台

建设仍存在诸多障碍，如数据标准不统一、合作机制不完善等。例如，某区域高校图书馆联盟试图建立联合采购平台，但由于各馆的需求差异较大，最终未能达成一致。

（4）经费管理：预算有限与分配不均。

①经费有限。高校图书馆的采购经费通常来自学校拨款，但由于学校整体预算有限，图书馆的采购经费往往难以满足日益增长的资源需求。例如，某高校图书馆在采购外文数据库时，由于经费不足，只能选择性地购买部分数据库，影响了科研人员的文献获取。

②经费分配不均。在经费分配上，部分高校图书馆存在“重电子、轻纸质”或“重热门、轻冷门”的现象。例如，某高校图书馆将大部分经费用于采购电子资源，导致纸质书籍的更新速度缓慢，影响了部分读者的使用体验。

③经费使用效率低。由于采购需求管理不科学，部分高校图书馆存在资源浪费现象。例如，某高校图书馆在采购一批纸质书籍时，未充分考虑馆藏重复率，导致部分书籍重复采购，浪费了有限的经费。

（5）政策与法规：执行与适应难度大。

①政策执行难度大。高校图书馆采购工作受《政府采购法》等法律法规的严格约束，但各地政策解读和执行标准不统一，导致采购流程复杂且效率低下。例如，某高校图书馆在采购一批设备时，因未严格按照政策要求进行公开招标，导致采购项目被叫停。

②政策适应能力不足。随着政策法规的不断更新，高校图书馆在采购工作中面临较大的适应压力。例如，某高校图书馆在实施《政府采购需求管理办法》时，由于缺乏相关经验，未能充分发挥采购人的主体作用，导致采购效果不理想。

1.2 高校图书馆资源建设的重要性

随着信息技术和互联网络的高速发展，现代高校图书馆馆藏的内涵远远超越了印刷型、缩微型、视听型资料的范畴，已延伸至各种不同信息格式、信息类型的电子信息资源。在这种形势下，图书馆资源的建设与共享显得更为重要。图书馆信息资源的建设与共享是各级各类图书馆根据用户对社会信息的需求，通过网络利用计算机、多媒体等先进的信息技术，高度理想化的对各馆藏信息资源和网络资源进行综合协作开发和利用的活动。图书馆收集、整理、保存并为读者所利用的各种文献称为图书馆文献或图书馆藏书。它是一个既不断增长，又不断吐故纳新的高度组织化发展体系，是社会文献资源的重要组成部分，具有开放性、系统性、保存性的特点。文献资源的建设在图书馆管理工作中起着重要的支撑作用，是图书馆工作的基础和中心，同时也是实现图书馆总体目标的前提和保障。总之，图书馆根据自身的性质、任务和读者需求，有目的、有计划、系统地组织、规划、收集、选择、整理和管理各种信息资源，建立并发展图书馆馆藏信息资源体系的全部过程都称为图书馆信息资源建设。

图书馆信息资源建设的必要性还包括了以下几个方面。

（1）丰富图书馆资源可以弥补传统教学中的不足。

学生可通过图书馆数字资源库自主选择课件、网络学习系统以及各种媒体材料，如外语听力材料、外语视频学习材料、外语电影等进行自学，并制订出适合自身的学习计划和学习目标。传统教学过于注重课本上有限的教学资源，一些新的知识、新的观点无法及时更新。而图书馆的文献则以大容量、更新快、时效性强等特点，能够最大限度地更新知识库，让学生得以掌握更全、更新的知识。

（2）丰富的图书馆资源有助于提高课堂学习效率。

学习效率的提高不仅是实施素质教育的关键，更是课堂教学所必需的。学院学生通过图书馆的文献资源、数字资源库等，可在课前做好充分的预习，课上热情参与，课后及时补缺，充分发挥主动性、积极性，变“要我学”为“我要学”，从而摆脱对老师的依赖性，提高课堂学习效率。

（3）丰富的图书馆资源为学校教师开展教学和科研提供支撑。

教师开展教学和科研工作，需要查阅大量的文献。特别是教师在开展科研工作的过程中，需检索和阅读大量的最新研究成果。图书馆丰富的文献资源以及海量的数字资源库内容是教师提升教学和科研能力的有力保障。

1.3 高校图书馆采购工作的特点

（1）需求多样化。

图书馆作为知识的宝库，服务于不同年龄、专业、兴趣爱好和学术背景的广大读者群体，这就决定了其采购工作必须满足读者多样化的需求。在学科方面，不仅要涵盖文学、历史、哲学等人文社科领域的经典著作和前沿研究成果，如采购《红楼梦》

《资本论》等经典书籍，以及当下热门的文化研究、经济趋势分析等相关书籍；还要兼顾数学、物理、化学、生物等自然科学领域的专业教材、学术专著和科普读物，像《时间简史》《物种起源》等。在语种上，除了本国语言的文献，为了满足国际化交流和研究的需求，还需采购多种外语语种的书籍，如英语、法语、德语、日语等，包括英语的原版学术期刊、法语的文学名著等。在文献类型上，除了传统的纸质图书，还需要采购电子图书、期刊、报纸、视听资料（如学术讲座光盘、科普纪录片）等，以适应不同读者的阅读习惯和信息获取方式。

（2）采购渠道广泛。

图书馆的采购工作可以通过多种途径进行，以获取丰富多样的文献资源。出版社是直接获取新书和专业书籍的重要渠道，图书馆可以与各大出版社建立长期合作关系，及时了解出版动态，优先采购最新出版的高质量图书，如与商务印书馆合作采购经典学术著作，与人民教育出版社合作采购教育类教材等。图书批发商则能够提供种类繁多、价格相对优惠的图书，通过集中采购，图书馆可以降低采购成本，获得更广泛的图书品种。网络书店的兴起也为图书馆采购提供了新的选择，其便捷的搜索和订购功能，以及丰富的库存，使图书馆能够快速获取一些稀缺或难以找到的图书资源，同时还能享受一定的折扣优惠。此外，图书馆还可以通过参加书展、与其他图书馆进行资源共享和交换等方式进行采购。

（3）采购量大。

为了满足广大读者的阅读和研究需求，图书馆需要储备大量的图书资源。以高校图书馆为例，其服务的师生人数众多，学科专业广泛，为了保障教学和科研的顺利进行，每年需要采购大量的教材、学术著作、参考书籍等。一般来说，一所规模较大的高校图书馆每年的新书采购量可能达到数千册甚至上万册。公共图书馆同样如此，要满足不同年龄、职业、兴趣爱好的市民的阅读需求，也需要不断充实馆藏，增加图书采购量。大量的采购不仅可以丰富图书馆的馆藏资源，还能提高图书馆的服务质量和吸引力，为读者提供更多的选择。

（4）采购周期长。

由于图书馆采购量大，涉及的环节众多，导致采购周期相对较长。从最初的需求调研开始，图书馆需要了解读者的需求和反馈，分析馆藏资源的不足，制订详细的采购计划。然后进行预算编制，确保采购经费的合理分配和使用。在选择供应商时，需要进行招标、评标等一系列程序，确定合适的供应商。签订合同后，供应商需要时间准备和发货，图书到货后还需要进行验收、编目、上架等。整个过程可能需要数月甚至更长时间，因此图书馆需要提前规划和预算，合理安排采购时间，以确保新书能够及时上架，满足读者的需求。

（5）质量要求高。

图书馆采购的图书需要经过严格的筛选和审核，以确保其质量和内容符合读者的需求。在选择图书时，图书馆会考虑作者的学术水平和声誉、出版社的信誉和影响力、图书的内容质量和学术价值等因素。对于学术著作，会邀请相关领域的专家进行评审，确保其内容的准确性和权威性；对于儿童读物，会关注其内容的教育性、趣味性和安全性；对于文化类图书，会注重其文化内涵和艺术价值。此外，图书馆还会对图书的印刷质量、装订质量等进行检查，确保读者能够获得良好的阅读体验。

（6）经费限制。

图书馆采购工作需要在有限的经费内尽可能地满足读者的需求，这是一个具有挑战性的任务。由于经费有限，图书馆需要对采购计划进行精心策划和合理安排。在采购过程中，需要进行成本效益分析，优先采购读者需求大、使用频率高的图书，避免采购一些利用率低的图书造成资源浪费。同时，图书馆还需要关注图书价格的变化，与供应商进行谈判，争取获得更优惠的价格和服务。此外，图书馆还可以通过申请专项经费、接受捐赠等方式增加采购经费，以满足不断增长的读者需求。

1.4 高校图书馆采购工作的挑战与机遇

图书馆采购工作面临来自政策法规、市场不确定、读者需求不断变化等诸多挑战，同时也带来了技术进步、制度完善、国际合作等众多机遇。

（1）挑战。

①政策法规的复杂性和变动性。图书馆采购工作受政府采购法律法规严格约束，而这些法规往往具有复杂性和动态调整的特点。例如，《政府采购法》及其实施条例的频烦修订，要求采购人员不断更新知识储备，以适应新的政策要求。此外，不同地区的政策执行标准可能存在差异，这也进一步增加了采购工作的难度。

【案例：某高校图书馆的采购合规困境】

某高校图书馆在采购一批外文数据库时，由于对《政府采购法》中关于进口产品采购的最新规定理解不足，导致采购流程被多次叫停。尽管图书馆已经与供应商达成初步协议，但因未按规定进行公开招标，最终不得不重新启动采购程序，导致项目延迟近半年。这一案例凸显了政策法规的复杂性和变动性对图书馆采购工作的影响。

②供应商市场的不稳定性。图书馆采购依赖于供应商市场的稳定性和多样性，但当前市场仍存在一些问题：部分稀缺资源（如外文原版书籍、专业数据库）的供应商数量有限，导致议价能力不足；供应商的服务质量参差不齐，可能出现交货延迟、资源质量不达标等问题；市场价格波动（如纸质书籍价格上涨）也增加了采购成本控制的难度。

③读者需求的快速变化。随着信息技术的发展和读者阅读习惯的改变，图书馆资源需求呈现出多样化、动态化的特点。例如：学生对电子资源的需求显著增加，使得传统纸质资源的借阅量逐年下降；科研人员对专业数据库和学术工具的需求日益增长，迫使图书馆必须及时调整采购策略。

（2）机遇。

①技术进步带来的智能化采购可能性。互联网、大数据、人工智能等技术的快速发展为图书馆采购工作提供了新的机遇。

一是大数据分析，能够通过分析读者的借阅记录、搜索行为等数据，精准预测资源需求，优化采购计划。

二是人工智能，实现了利用 AI 技术自动化处理采购流程，如需求匹配、供应商筛选、合同管理等，切实提高了采购效率。

三是区块链技术，显著增强了采购流程的透明度和可追溯性，减少了人为干预和腐败的风险。

【案例：某大学图书馆的大数据采购系统】

某大学图书馆引入一套基于大数据的采购管理系统，通过分析读者的借阅记录、搜索行为和下载数据，精准预测了资源需求。例如，系统发现某外文期刊的下载量在过去一年中增长30%，便自动将其列入优先采购清单。这一智能化采购系统不仅提高了采购效率，还显著提升了资源利用率。

②政策支持下的采购制度完善。近年来，国家出台了一系列政策文件（如《政府采购需求管理办法》），旨在推动政府采购从程序导向向需求导向转变，为图书馆采购工作提供了政策支持和改革契机，例如：强化采购人的主体地位，赋予图书馆更多自主权；鼓励创新采购模式，如框架协议采购、电子化采购等。

③国际合作带来的资源获取便利。在全球化背景下，图书馆可以通过国际合作获取更多优质资源，如加入国际图书馆联盟，共享稀缺资源（如外文期刊、古籍文献）等；与国际出版商、数据库供应商建立长期合作关系，降低采购成本。

1.5　高校图书馆采购工作的未来发展方向

1. 智能化采购

①全流程自动化：通过电子化采购平台实现从需求提报、供

应商选择到合同签订的全流程自动化，减少人为干预，提高效率。

②数据驱动决策：利用大数据和人工智能技术分析读者需求、市场趋势和供应商表现，为采购决策提供科学依据。

③智能推荐系统：开发基于读者行为数据的智能推荐系统，自动生成采购清单，提高采购的精准性。

2. 绿色采购

①环保理念融入采购：优先选择环保材料制作的书籍、节能型电子设备等，推动图书馆可持续发展。

②减少资源浪费：通过精准采购和资源共享，减少重复采购和资源闲置现象。

③数字化替代：逐步用电子资源替代纸质资源，减少纸张消耗和环境污染。

3. 读者参与式采购

①读者推荐机制：建立读者推荐平台，允许读者提交资源采购建议，并根据推荐频率和需求优先级进行采购。

②读者投票系统：对于部分高价值资源（如数据库、多媒体资源），通过读者投票决定采购与否，切实提高资源利用率。

③读者反馈闭环：建立采购反馈机制，收集读者对已采购资源的使用体验，不断优化采购策略。

4. 开放获取与资源共享

①开放获取资源采购：加大对开放获取期刊、数据库的采购力度，降低资源获取成本。

②区域资源共享：推动区域内图书馆的资源共享合作，建立联合采购机制，避免重复采购。

③国际资源合作：通过国际合作获取稀缺资源，如外文古籍、专业数据库等。

5. 采购人才培养

①专业化培训：加强采购人员的专业培训，提升其在法律法规、市场分析、谈判技巧等方面的能力。

②跨学科知识储备：鼓励采购人员学习图书馆学、信息技术、数据分析等跨学科知识，以适应智能化采购的需求。

③绩效考核机制：建立科学的绩效考核机制，激励采购人员提高工作效率和服务质量。

第2章

政府采购概述

2.1 政府采购的含义及特点

政府采购（Government Procurement）是一个外来词，是西方经济学中的一个专业词汇。政府采购随着国家的出现而产生，政府采购制度则伴随着国家对政府采购行为的规范化管理逐步形成和完善。随着世界经济一体化的形成和发展，政府采购由封闭走向开放，成为世界贸易自由化的一个重要领域。

（1）早期自由分散采购。

采购属于商品交换行为。采购的历史非常悠久，自从人类社会出现商品交换活动，采购活动就随之产生。当时的采购主体为个人、家庭和原始部落。

随着国家的产生和发展，采购主体逐渐多元化，包括政权机构、企业、团体、家庭和个人，其中政权机构采购就是政府采购的雏形。在政权机构采购出现后的相当长一段历史时期内，只存在政府采购行为，而没有专门的制度。当时政府采购的特点是规模小、范围窄，采购形式自由、分散，没有统一规范。

（2）政府采购制度的初步形成。

随着社会经济的发展，自由分散的政府采购行为逐步得到规范，并初步形成一种制度。政府采购制度最早形成于18世纪末的西方自由资本主义国家，主要特点是对政府采购行为进行法治化管理。一是加强立法，如美国在1761年颁布了《联邦采购法》；二是实行集中采购，如英国政府在1782年设立文具公用局，负责为政府部门采购办公用品。此阶段的政府采购制度主要是规范使用财政资金进行采购的行为，确立使用财政性资金的规则，目的是节约资金、防止贪污腐败。这些规则的确立，标志着政府采购制度的初步形成。

（3）政府采购政策性功能逐步发挥。

在自由资本主义时期，由于国家信奉“看不见的手”理论，政府基本上不参与、不干预国民经济活动。政府直接采购的物品和承办的公共工程也十分有限，因此，政府采购的影响力不大。但在现代市场经济阶段，特别是20世纪30年代经济危机以后，国家政府认识到市场不是万能的，为了弥补市场的缺陷，政府开始广泛运用经济手段和法律手段干预国民经济活动，其方式之一就是通过扩大政府财政支出创办公共事业。政府采购规模迅速扩大，对社会经济的影响日益加深，各国逐渐认识到政府采购的政策性功能，开始广泛运用政府采购手段干预国民经济活动。

（4）政府采购的国际化。

随着世界经济的一体化，政府采购潜在的巨大市场在国际贸易领域日益受到重视。一些工业化国家急欲为本国产品开拓海外市场、打破贸易壁垒以解决本国贸易失衡问题，以经济全球化和一体化为借口，将政府采购纳入了国际贸易领域。自1979年关贸总协定的“政府采购原则”形成后，许多区域性组织也将政府采购纳入地区贸易自由化谈判领域，政府采购市场开始由封闭走向开放。

2.2 政府采购的含义

政府采购伴随着国家的出现而产生，随着社会经济的发展，政府采购的适用范围也在逐步扩大，但学界一般认为，真正完整意义上的政府采购是市场经济的产物。在现代社会，政府采购为各国普遍采用，被称为“阳光政策”。政府采购是政府机构及公共实体为实现政府职能和公务或向社会提供公共物品和公共服务的需要，用国家财政性资金，依照法定方式、方法和程序，从市场上采购货物、工程或服务的一种经济行为。当前，政府采购不完全是指采购行为，更侧重于规范采购行为的管理制度。

从1998年开始，我国逐步推行财政支出改革，政府采购制度的推行是其中重要的一环。2002年6月29日第九届全国人民代表大会常务委员会第二十八次会议通过了《中华人民共和国政府采购法》（以下简称《政府采购法》），并于2003年1月1日起实施。

《政府采购法》将采购定义为“以合同方式有偿取得货物、工程和服务的行为，包括购买、租赁、委托、雇佣等”，并明确指出：“本法所称政府采购，是指各级国家机关、事业单位、团体组织，使用财政性资金采购依法制订的集中采购目录以内的或者采购限额标准以上的货物、工程和服务的行为。”这一定义包含如下几个要点：第一，政府采购的实体是各级国家机关、事业单位、团体组织，但不包括国有企业。第二，政府采购所使用的资金是财政性资金。第三，政府采购的对象必须是集中采购目录以内的或者采购限额标准以上的货物、工程和服务。

（1）政府采购的主体。

政府采购的主体是政府部门，是社会公众服务机构。其资金来源于政府财政拨款，即由纳税人的税收所形成的公共资金，这些资金的使用必须向公众负责，代表公众利益。从本质上讲，正是采购资金来源的不同将政府采购与私人采购区别开来。特定的资金来源决定了采购主体的特定性。

《政府采购法》通过采用特定组织形式和使用财政资金的综合标准，将政府采购的主体确定为“各级国家机关、事业单位和团体组织”，但对于事业单位、社会团体的采购是否应该纳入政府采购的范围，存在不同认识。有人认为将事业单位和团体组织全部纳入政府采购主体范围过于简单化和机械化，这是因为事业单位需要区别对待。对于财政全额拨款的事业单位，应该纳入政府采购的范围；对于“自收自支”的事业单位，也就是实行企业化管理的事业单位，不应纳入政府采购的范围；对于介于两者之间的事业单位，也就是既有财政拨款，又有事业收入的事业单位，要根据具体的采购行为具体对待。如果是为了向社会提供公共产品或服务，使用财政资金的采购，就应该纳入政府采购；而如果纯粹是为了本单位利益的投资或消费行为，则应由事业单位自己采购，不纳入政府采购的范围。另外，就社会团体组织而言，世界上大多数社会团体属于非政府性团体，其经费一般由团体成员筹集，或者由企业或社团赞助，其采购活动不纳入政府采购的范围。我国社会团体组织大多是为社会公众服务的，由政府财政提供活动经费，所以应普遍纳入政府采购管理的范围。对于一些非社会公共性的其他团体，如同乡会等，可不必纳入。世界上的某些国家和地区，还将国营企业——主要是一些带有公益性、垄断性的国有独资企业，如自来水公司、国家管理的电力公司等，纳入政府采购范围。但目前在我国内地，并没有将使用财政性资金进行采购的国有企业纳入政府采购制度的约束范围之内。

(2) 政府采购的资金来源。

政府采购是政府为社会公众提供公共服务的一种手段，因此，它的资金来源是具有公共性质的财政资金。财政资金是社会公共资源的重要组成部分，在大多数国家，它被纳入政府预算作统一管理。虽然我国《政府采购法》对“政府采购资金”并未给出明确定义，只是在第六条中提到“政府采购应当严格按照批准的预算执行”，但早在2001年2月，财政部和中国人民银行制订发布的《政府采购资金财政直接拨付管理办法》中便对此作出了明确规定：“政府采购资金是指采购机关获取货物、工程和服务时支付的资金，包括财政性资金（预算内资金和预算外资金）以及与财政资金相配套的单位自筹资金。”

也有人认为，在市场经济条件下，政府采购使用的资金未必都是财政性资金，还包括国家利用自己的信用，以各种方式、从各方面筹集的各种性质的资金（如国家贷款），并用于提供公共产品和服务。因此政府采购的资金来源应该为“预算内资金、预算外资金、由财政转贷的国际金融组织和外国借款以及其他应纳入财政预算管理的资金”。

(3) 政府采购的对象。

按照国际惯例，政府采购项目通常包括政府消费和政府投资两大方面，并按其性质将采购适用项目分为货物、工程和服务三大类。在大多数国家，政府采购的集中管理部分均涵盖以上三个方面。

我国政府采购的对象包括政府消费品及其服务和政府投资品及其服务两大方面。其中，政府消费品及其服务主要指政府日常公共用品和劳务及服务，包括除低值易耗品外的一切政府办公用品。政府投资品及其服务，包括由政府投资提供的公共工程和公共基础设施。《政府采购法》规定只有在依法制订的政府集中采购目录以内或者采购限额标准以上的货物、工程和服务的采购才属于政府采购的管理范围。

2.3 政府采购的功能

虽然政府采购由政府组织和管理，但是，采购的最终目的是满足社会公众的共同需要，在这个意义上可以认为，政府采购是受社会公众委托而进行的，因此，世界上许多国家也把政府采购叫作“公共采购”。

(1) 政府采购有助于提高公共资金的使用效益。

公共资金支出管理的核心问题是公共资金的合理分配与有效利用。市场经济比较发达的国家实践表明，通常政府采购支出占一国总财政支出的30%左右，一般占GDP的10%～15%，财政资金节约率约为10%。现代政府采购制度在保证政府日常政务需要，采购到质优价廉的货物、工程和服务的同时，之所以还具有节约财政资金、规范财政支出管理的重要作用，主要缘于以下几个方面：一是现代政府采购一般都要事前编制采购预算，而采购预算可以减少政府采购的盲目性，并做到专款专用，避免采购资金被挪作他用而造成财政资金的损失；二是集中统一的政府采购能够实现资源共享，减少重复采购和采购各环节上的浪费，提高财政资金的使用效益；三是政府采购建立了供应商的市场准入机制，并对他们的履约情况进行评估，从而大大降低了采购的风险；四是政府采购实行统一集中采购，能够实现规模经济效益，从而降低采购成本，提高资金支出效率；五是政府采购制度使政府在公平、公开、公正的原则下，通过竞争机制直接在国内外市场上获得物美价廉的货物、工程或服务，从而大幅度地节约了财政资金，并减少资金流通环节，降低行政成本；六是政府采购通过信息网络与现代信息技术，能极大地节约采购成本，提高采购管理效率；七是政府采购通过一系列的制度规定，加强了政府对财政资金由价值形态向实物形态转变过程的影响、监督和管理，大大提高了财政资金的使用效率，并规范了对公共财政资金支出的管理。

（2）政府采购有助于提高政府宏观调控能力。

在政府采购中，政府不只是购买物品，还可以通过相关的政策规定和操作实施，引导并调节企业及其他市场主体的行为，实现既定的政策目标。政府采购的宏观调控作用主要表现在以下几个方面：一是政府可以利用采购支出的结构效应，选择不同的产品和行业作为采购重点，直接支持和刺激该行业的快速发展，体现一定时期的政策倾向；二是通过政府采购政策的调整，把保护民族工业、扶持困难企业、加强环境保护以及加快少数民族与不发达地区的企业发展等纳入采购范围，从而平衡地区间经济发展的不平衡，实现整个社会经济的健康、均衡发展；三是调节社会总供应和社会总需求。政府采购是社会总需求的重要组成部分，政府根据宏观经济的冷热及其发展态势，利用政府采购在可利用的弹性区间内安排采购资金，对国民经济总量进行调节，使之达到总量平衡。例如，当总需求大于总供给而导致经济偏热时，可通过适当压缩和推迟政府采购来使经济降温；反之，当总需求小于总供给时，可通过适当增加和提前进行政府采购，以增加社会消费并促进企业扩大投资，提高社会总需求水平，从而刺激经济增长。根据乘数效应，这些行为会促使社会的生产和分配在总量与结构方面产生相当大的反应，从而能够调控宏观经济总量的平衡。

当前，我国政府采购的宏观调控功能主要包括：通过采购国货，保护民族产业；采购节能环保产品，改善生态环境；采购自主创新产品，促进科技发展与自主创新；优先采购中小企业和落后地区企业的产品，扶持中小企业和落后地区企业的发展；限制对外采购可能出现信息安全隐患的产品，保证国家经济和信息安全，等等。

（3）政府采购有助于完善市场经济体制。

在现代市场经济中，竞争是促进资源分配和有效利用的重要手段，建立有序的竞争是建设市场经济的一个重要目标。市场经济国家会利用政府采购来引发和培育有效的市场竞争秩序。政府采购把财政支出与公共物品的购买紧密结合起来，改变了以往的财政支出模式，具有直接的市场行为性质，这来自现代政府采购制度的一个基本前提：让市场起基础性资源配置作用。实行政府采购制度后，政府无疑是国内市场上最大的消费者。政府采购遵循公平、公开、公正的原则，在竞标过程中执行严密、透明的“优胜劣汰”机制，所有这些都有利于调动供应商参与政府采购的积极性，促使供应商不断提高产品质量、降低生产成本或者改善售后服务，以使自己赢得政府这一最大的消费者。由于供应商是市场中最活跃的因素，所以，供应商竞争能力的提高能够带动国内市场经济的繁荣。从国际竞争的角度看，政府采购有助于供应商迈出国门、走向国际，提高产品在国际市场上的竞争力，并早日进入国际政府采购市场。此外，政府采购制度的公平、公开、公正等原则，使各类市场主体在相同的竞争环境中进行公平、有序的竞争，这既规范了企业的竞争行为，也促进了规范市场竞争秩序的建立，有力促进了国家的市场经济建设和发展。

（4）政府采购有助于增强社会公共意识。

政府采购的公共性质在于它是政府代社会公众进行的采购。过去，我国政府部门和公共事业单位等实行的是完全自行采购的模式。这些机构和单位习惯于把采购当成政府部门和公共事业单位“自己”的事，对于其公共性质缺乏深刻认识。实行政府采购后，纳税人与政府之间的契约关系更加明朗，即纳税人是委托人，政府在管理公共事务中，用其缴纳的税收采购公共物品；政府是代理人，政府在市场采购货物、工程和服务的行为是在为纳税人采购。因而，政府采购制度有利于政府树立对社会公众高度负责的观念，一切从社会公共需要出发，通过推行完善的政府采购规划、制度和科学的采购操作程序与技术，做好政府采购工作，提高公共服务水平。对于公民来说，政府采购具有透明性和公正性，允许社会公众广泛参与其管理和监督，可以增强公民的主人翁意识。

（5）政府采购有助于推动政府廉政建设。

传统的政府采购主要实行政府支出的控购管理模式，它容易导致供应商、采购人和财政部门官员串通的现象，使供应商和采购人得到最大化私利，而国家却成为最大的受损者。在现代政府采购制度下，政府采购的资金是按财政预算拨付的，并纳入统一账户管理，它受到财政部门全方位的监督。采购的整个过程公开、透明、充满竞争并且按严格规定的程序进行，将政府采购行为置于财政、审计和舆论等部门和社会公众的监督之下，这意味着采购相关方之间的“合作型博弈”将转化为供应商之间以及采购者与供应商之间的“竞争型博弈”，在当事各方之间建立起竞争关系和相互监督制约关系。各方将在公平、透明的“游戏规则”下，为实现自身利益最大化而展开竞争，从而从制度层面有效遏制官员在采购过程中权钱交易、寻租等违规、违纪行为的发生，确保政府官员廉洁奉公。

2.4 政府采购的特性

从微观层次看，政府采购是一种市场行为，它与私人采购一样，追求效益最大化、物有所值，体现市场经济的竞争原则，为市场经济注入活力。从宏观层次看，它是一种宏观调控手段，要发挥杠杆作用，体现政府的多重目的：政府可以利用政府采购来保护民族产业，如政府采购可以优先购买国内产品；政府可以利用政府采购扶持某些产业的发展，如政府采购只能购买正版软件；政府可以通过扩大某一时期政府采购的总额，达到扩大内需的目的，等等。因此，政府采购具有活跃市场经济、实施宏观调控等功能。它具有如下特性。

（1）市场性。

政府采购的对象从汽车、家具、办公用品到建筑、武器等无所不包，无论是民用的还是军用的，无论是制成品还是原材料，无论是有形的还是无形的，无论是国产的还是进口的，凡涉及财政资金支出的物品和劳务均需纳入政府采购范围。在市场经济条件下，所有这些物品、劳务或工程的购买都是在市场上实现的，因此，政府采购行为要按照市场规则进行商业化运作，即具有市场性。

（2）主体的特定性。

政府采购的主体是依赖于国家财政性资金或公共资金运转的，是特定的，并大都以法律的形式（如《政府采购法》）予以确定。

（3）社会公众性。

①采购资金的公共性，资金来源财政拨款和需要由政府偿还的公共借款，最终来源纳税人的税收和政府公共收费。

②政府采购是通过采购行为为政府和公共实体提供使用或向社会提供公共物品和服务的行为。

政府采购作为一种按照国家法规实施的行为，必然要向国家和社会公众负责，除要实现采购目标外，还要考虑采购可能带来的环境、就业等社会问题。虽然政府采购行为表现为某一时期在某一方面的需要，但采购的结果可能会对整个社会产生深远的影响，因此，满足社会公众利益，自然成为政府采购的重要约束条件之一。

（4）政策性。

①公共支出管理是国家管理经济的一个重要手段，政府采购是公共支出管理的一项重要内容，在市场经济条件下具有其他管理手段不可替代的宏观调控功能。

②政府采购需求广泛，调控空间十分广阔。政府采购的需求从汽车、家具、办公用品到武器、航天飞机等无所不包，涉及货物、工程和服务等各个领域。因此，政府采购政策的影响力可以渗透到社会经济的方方面面。

③政府采购规模庞大，按照国际上的常规算法，各国每年的政府采购总额占国民生产总值的10%～15%，占财政支出的30%左右。我国政府采购虽然略低于该比例，但在数量上增长的相当快，在刚刚推行政府采购的1998年，全国政府采购的规模仅为31亿元，而2009年就突破了7000亿元。由于规模庞大，政府采购成为调节国民经济运行的重要手段。

2.5 政府采购方式

《中华人民共和国政府采购法》（主席令第68号）（2014年修订）中介绍政府采购主要采用以下方式：

（一）公开招标；

（二）邀请招标；

（三）竞争性谈判；

（四）单一来源采购；

（五）询价；

（六）国务院政府采购监督管理部门认定的其他采购方式。

公开招标应作为政府采购的主要采购方式。采购人采购货物或者服务应当采用公开招标方式的，其具体数额标准，属于中央预算的政府采购项目，由国务院规定；属于地方预算的政府采购项目，由省、自治区、直辖市人民政府规定；因特殊情况需要采用公开招标以外的采购方式的，应当在采购活动开始前获得设区的市、自治州以上人民政府采购监督管理部门的批准。

采购人不得将应当以公开招标方式采购的货物或者服务化整

为零或者以其他任何方式规避公开招标采购。

符合下列情形之一的货物或者服务，可以依照本法采用邀请招标方式采购：

（一）具有特殊性，只能从有限范围的供应商处采购的；

（二）采用公开招标方式的费用占政府采购项目总价值的比例过大的。

符合下列情形之一的货物或者服务，可以依照本法采用竞争性谈判方式采购：

（一）招标后没有供应商投标或者没有合格标的或者重新招标未能成立的；

（二）技术复杂或者性质特殊，不能确定详细规格或者具体要求的；

（三）采用招标所需时间不能满足用户紧急需要的；

（四）不能事先计算出价格总额的。

符合下列情形之一的货物或者服务，可以依照本法采用单一来源方式采购：

（一）只能从唯一供应商处采购的；

（二）发生了不可预见的紧急情况不能从其他供应商处采购的；

（三）必须保证原有采购项目一致性或者服务配套的要求，需要继续从原供应商处添购，且添购资金总额不超过原合同采购金额百分之十的。

采购的货物规格、标准统一、现货货源充足且价格变化幅度小的政府采购项目，可以依照本法采用询价方式采购。

第3章

高校图书馆采购工作的内容体系与运行机制

3.1 高校图书馆的功能与定位

高校图书馆是学术研究和知识传播的核心机构，它不仅是收藏和提供各类图书、期刊、数字资源等文献资料的宝库，也是师生进行学术交流、文化体验和自主学习的重要场所。图书馆通过精心管理的资源体系、多样化的阅读推广活动、专业的信息素养教育以及个性化的服务支持，致力于满足师生的学术需求，提升他们的研究能力和创新思维，同时作为文化传承的载体，图书馆还承担着弘扬优秀文化、促进社区文化交流的责任。在数字化时代，高校图书馆不断创新服务模式，加强数字化资源建设，提供便捷的在线服务，以适应教育发展的需求，为高校的教学科研和文化建设作出重要贡献。高校图书馆的具体功能包括以下几个方面。

（1）文献资源管理。

①资源采购。图书馆根据学科发展、教学科研需求以及读者反馈，精心选择和采购图书、期刊、报纸、数字资源等，确保资源的多样性和前沿性。

②分类编目。对新购入的资源进行分类、编目和索引，建立科学的目录体系，便于读者检索和利用。

③保存与维护。对馆藏资源进行妥善保存和定期维护，包括防潮、防虫、防尘、修复等工作，确保文献的长期可用性。

（2）阅读推广。

①阅读活动策划。图书馆定期策划和举办各类阅读推广活动，如读书节、主题阅读周、作家讲座、新书发布会等，营造浓

厚的阅读氛围。

②阅读指导。提供阅读指导服务，包括推荐书目、阅读方法指导、阅读兴趣培养等，帮助读者提高阅读效率和深度。

③阅读空间优化。打造舒适、安静、多元的阅读环境，如安静阅读区、休闲阅读区、小组讨论区等，满足不同读者的阅读需求。

（3）信息素养教育。

①培训课程。开设信息素养教育课程，教授读者如何有效利用图书馆资源，包括文献检索技巧、数据库使用方法、学术资源评估等。

②在线教程。制作和提供在线教程、视频指南等，方便读者随时学习和掌握信息检索和利用的技能。

（4）个性化服务。

①参考咨询。提供面对面的参考咨询服务，帮助读者解决在查找和利用资源过程中遇到的问题。

②定制服务。根据读者的个性化需求，提供定制化的资源推荐、文献传递、研究支持等服务。

3.2 高校图书馆资源建设内容体系

为了满足高校图书馆作为学校学术研究和知识传播核心机构这一功能，图书馆必须持续构建和丰富自己的馆藏资源。

图书馆资源建设是指图书馆为了满足用户的信息需求和提升服务质量，对各类资源进行系统性规划、选择、获取、组织和管理的过程。

（1）图书馆资源建设过程包括以下几个主要内容：

①图书和期刊的采购。这是图书馆资源建设的基础，涉及对纸质和电子图书、学术期刊的选择和购买。采购工作需要根据图书馆的定位、用户需求和学科发展趋势来制订采购计划，确保资源的多样性和前沿性。

②数字资源的整合。随着信息技术的发展，数字资源（如电子书、数据库、在线期刊等）成为图书馆资源建设的重要组成部分。图书馆需要整合这些资源，提供便捷的访问途径，以满足用户对数字化信息的需求。

③特色资源的开发。图书馆通常会根据自身的特色和优势，开发一些特色资源，如地方文献、专题数据库、古籍善本等，这些资源能够体现图书馆的独特价值，吸引特定用户群体。

④资源共享与合作。图书馆之间通过资源共享和合作，可以实现资源的互补和优化配置。这包括参与图书馆联盟、建立互借系统、共享数据库等，以提高资源的利用效率。

⑤用户教育和培训。图书馆资源建设不仅是资源的收集，还包括对用户的教育和培训，帮助用户更好地利用图书馆资源，提高信息素养。

（2）图书馆资源建设的重要性主要体现在以下几个方面：

①支持学术研究。高质量的资源是学术研究的基础，图书馆通过提供丰富的文献资料和数据支持，帮助研究人员进行深入的学术探索。

②促进教学活动。图书馆资源为教学提供了必要的教材和参考资料，支持教师的教学设计和学生的学习需求。

③提升服务质量。良好的资源建设能够提升图书馆的服务水平，满足用户多样化的信息需求，增强用户的满意度和忠诚度。

④增强图书馆的竞争力。在信息时代，图书馆的竞争力很大程度上取决于其资源的丰富程度和更新速度。优秀的资源建设能够提升图书馆的社会影响力和学术地位。

⑤推动知识传播和文化传承。图书馆作为知识的存储和传播机构，其资源建设有助于知识的广泛传播和文化传统的保护与传承。

3.3 高校图书馆信息化建设内容体系

高校图书馆信息化建设是数字化转型的核心驱动力，其建设内容已从基础业务自动化扩展到智慧服务生态体系。为读者提高更加优质的服务，高校图书馆应注重图书馆信息化建设，为读者提高更加优质的服务。

图书馆信息化建设主要涉及以下几个方面：

（1）图书馆管理系统（ILS）。图书馆管理系统也称作图书馆自动化集成管理系统，图书馆管理系统作为图书馆开展业务工作和读者服务的基础，在很大程度上代表和体现了图书馆自动化的水平，为图书馆信息化和数字化的发展方向起到引导和定位的作用，并直接影响着图书馆读者服务工作和业务工作的质量和效率。目前出现的新一代图书馆管理系统——图书馆服务平台（LSP），采用了最新的微服务架构，具备模块化功能，可进行模块化配置采访、编目等。

（2）智慧服务系统。智慧服务系统为读者在使用图书馆资源和空间上提供了更多的便利，主要有具备统一检索和语义分析等功能的智能发现系统以及可以对图书馆的所有研讨间、座位、电脑进行预约管理的空间管理系统。

【案例：某大学图书馆“学术搜索”项目】

武汉大学图书馆作为国内首批“双一流”高校图书馆，面对日益增长的学术资源（截至2023年已购数据库达627个），为解决师生面临的“多平台切换、检索效率低”痛点，于2020年启动“珞珈学术搜索”项目。根据2023年公布的数据，“珞珈学术搜索”日均访问量达3.2万次，检索成功率达94.7%。

（3）图书馆智能化系统。利用智能化设备和系统，可以为读者提供图书借阅、归还、查询等流程的自动化和智能化借阅服务，其核心技术包括RFID技术、人脸识别、语音识别、大数据分析等。目前应用最广泛的主要有基于RFID的“无感借还”智慧流通服务系统；为读者提供咨询、导航、借还等自助服务的智能化借阅机器人；集便捷、资源丰富、功能多样于一身的移动图书馆。

【案例：某图书馆“RFID”智慧流通改造项目】

某图书馆日均接待读者1.2万人次，传统人工借还模式面临效率瓶颈。2019年启动RFID智慧流通改造项目采购工作，以期提升图书馆的管理能力和读者的用户体验。经采购实施，该项目为国家图书馆带来了诸多成效。效率提升方面：高峰期借还处理能力达3000册/小时（人工模式仅600册），图书盘点效率提升40倍（100万册馆藏3天完成）；管理优化方面：实现错架图书自动报警（日均纠正200余册），节省30%流通岗位人力；用户体验方面：完全实现非接触式操作（全程无物理接触），具备微信小程序实时推送借阅清单功能，方便读书实时查看。

3.4 高校图书馆采购工作的运行机制

高校图书馆采购工作是一个“需求驱动——制度约束——技术支撑”三位一体的复杂系统，其运行机制融合了公共采购制度规范与学术资源建设的特殊要求。图书馆采购工作的重要性不容小觑，它是图书馆服务质量和学术价值的核心支撑，更是高质量完成高校图书馆资源建设和信息化建设的重要保障。

（1）采购工作直接关系图书馆藏书的质量和深度。通过精心挑选和采购，图书馆能够建立起丰富、多元、前沿的藏书体系，为读者提供高质量的阅读资源和研究材料。这不仅能够满足读者的基本阅读需求，还能够支持学术研究、教学活动和文化传承。

（2）采购工作是图书馆与时俱进、保持活力的关键。随着科技的发展和知识的更新，图书馆需要不断引进新书、新资料，以跟上时代的步伐。采购人员通过密切关注出版动态、学科发展趋势和读者需求变化，能够及时更新图书馆的藏书，使之始终保持新鲜感和吸引力。

（3）采购工作对于图书馆的资源建设和可持续发展具有长远影响。合理的采购策略和预算管理，能够确保图书馆在有限的经费下，实现资源的最优配置。这不仅有助于提升图书馆的服务效率，还能够增强图书馆的社会影响力和竞争力。

此外，采购工作还涉及图书馆与出版界、书商、信息技术公司、图书馆联盟等外部机构的合作与交流。通过建立良好的合作关系，图书馆能够获得更多的资源支持和服务优惠，这对于提升图书馆的整体服务水平和拓展服务范围具有重要意义。

第4章

中文纸质图书采购

4.1 我国中文纸质图书采购概况

我国中文纸质图书采购规模巨大，据统计，2019 年我国图书总销售额达 1.4 万亿元，其中纸质图书销售额占比超过 80%，涵盖文学、历史、哲学、社会科学、自然科学、工程技术、医学、艺术等各个领域。图书市场面临着线上销售增长放缓、电子阅读习惯普及以及盗版书籍冲击等多重挑战。在这些因素共同作用下，图书行业的利润空间受到压缩，行业调整与发展的压力增大。

中文图书的采购主要通过图书馆、书店、电商平台等多种渠道。图书馆作为重要的采购主体，其采购行为对图书市场具有重要影响。此外，随着电商平台的兴起，越来越多的图书馆和读者选择通过电商平台进行图书采购。图书馆等采购单位在采购中文图书时，通常采用书目订购、直接采购、函购等多种方式。这些方式各有优劣，采购单位需要根据自身需求和实际情况选择合适的采购方式。

（1）采购主体与规模概述。

中文纸质图书采购主体呈现多元化态势。学校、公共图书馆以及企事业单位资料室和各类研究机构等，构成了主要的采购群体。

学校方面，高校采购规模往往较大。众多学科的教学与科研需求，使其对图书种类和数量要求丰富多样。以知名综合类大学为例，每年用于中文纸质图书采购的预算可达数百万元，采购图书涵盖从基础学科到前沿专业研究的各个领域。而中小学采购则侧重于与教学大纲适配的教材辅助读物、适合学生年龄层次的课外读物等，采购预算因学校规模不同有所差异，一般在几万元到几十万元之间。

公共图书馆面向全体社会民众，旨在打造综合性藏书体系，采购范围广泛，涉及文学、历史、科学、艺术等多个领域，以满足不同读者的阅读喜好。其采购规模依据所在地区人口数量、经济发展水平以及文化建设需求而定，大型城市公共图书馆每年采购图书数量可达数万册，采购预算同样可观。

企事业单位资料室和研究机构，根据自身业务方向和研究重点进行采购，虽然采购规模相对学校和公共图书馆较小，但对专业性、针对性图书的需求较为突出，致力于构建满足特定工作与研究需求的专业藏书资源。

（2）采购面临的问题与挑战。

①资金压力：随着图书价格的上涨和采购数量的增加，采购单位面临着越来越大的资金压力。如何在有限的资金内采购到更多高质量的图书成为采购单位需要解决的重要问题。

②版权问题：在采购过程中，采购单位需要关注图书的版权问题。一些盗版图书虽然价格低廉但质量低劣且侵犯了版权所有者的权益。采购单位应严格遵守版权法规定，采购正版图书以维护市场秩序和自身声誉。

③读者需求变化：随着读者阅读习惯和需求的不断变化，采购单位需要密切关注市场动态和读者反馈以调整采购策略。例如，随着电子阅读习惯的普及，越来越多的读者开始倾向于选择电子书等数字阅读方式，这要求采购单位在采购图书时要考虑数

字资源的采购和整合。

当前，我国的中文图书采购呈现出市场规模稳定但增长放缓、采购渠道多样但竞争激烈、采购对象广泛但需求多样的现状，同时面临资金压力、版权问题和读者需求变化等多重挑战。采购单位需要密切关注市场动态和读者需求变化以灵活调整采购策略，不断提升自身的采购能力和服务水平。

4.2 中文纸质图书采购流程

4.2.1 项目立项管理

项目立项管理是项目管理过程中的关键环节，它涉及项目的启动、规划和决策，对于确保项目的成功实施和达成预期目标具有至关重要的作用。

（1）明确项目目标和范围：通过立项管理，可以明确项目的目标、范围、预期成果和关键成功因素，为项目的后续实施提供清晰的方向和依据。

（2）资源优化配置：立项管理过程中，会对项目所需的资源（如人力、资金、设备、时间等）进行评估和规划，确保资源的合理分配和高效利用，避免资源浪费。

（3）风险评估与控制：在立项阶段，会对项目可能面临的风险进行识别、评估和规划，有助于降低项目实施过程中的不确定性和风险，提高项目的成功率。

（4）利益相关方管理：立项管理涉及对项目利益相关方的识

别、分析和沟通，确保他们的需求和期望得到满足，增强他们对项目的支持和参与度。

（5）项目可行性分析：通过立项管理，可以对项目的可行性进行全面分析，包括技术可行性、经济可行性、法律合规性等，为项目决策提供科学依据。

（6）项目优先级排序：在资源有限的情况下，立项管理有助于对多个项目进行优先级排序，确保关键和紧急的项目得到优先支持，提高组织的整体绩效。

（7）提高项目成功率：良好的立项管理能够确保项目从一开始就走在正确的轨道上，减少后期调整和返工的可能性，从而提高项目的成功率。

（8）促进组织战略实现：项目立项管理与组织的长期战略紧密相关，通过立项管理，可以确保项目与组织战略目标的一致性，促进战略的实施和实现。

高校中文纸质图书项目立项管理主要包含以下内容：

第一，高校图书馆中文纸质图书项目申报必须符合学校发展的总体规划，要与学校办学定位和人才培养目标相一致，同时兼顾学校财力、物力的可能性。做到需求与实际相结合，投资与效益相结合，综合平衡，协调发展。

第二，各申报主体在申报项目时，要从全局出发，做好充分调研，并形成绩效及调研报告。项目申报须提供立项必要性说明。

第三，各申报主体要从严审核拟申报的项目，把好第一道审核关，注重申报质量。

第四，申报人要在申报项目文件中阐明项目建设的必要性、可行性、功能定位、建设内容、绩效目标等。

4.2.2 采购意向公开

自2020年7月1日起，除采用协议供货和定点采购方式实施的小额零星采购、由集中采购机构统一组织的批量集中采购外，各单位按项目实施集中采购目录以内或者采购限额标准以上的货物、工程、服务采购，均应当在中国政府采购网中央主网和本单位门户网站政府信息公开专栏公开采购意向。

采购意向公开的内容应当尽可能清晰完整，包括采购项目名称、采购需求概况、预算金额、预计采购时间等（涉密信息除外）。采购意向仅作为供应商了解各单位初步采购安排的参考，采购项目实际采购需求、预算金额和执行时间以各单位最终发布的采购公告和采购文件为准。有关采购公告格式按照《财政部办公厅关于印发〈政府采购公告和公示信息格式规范（2020年版）〉的通知》执行。

采购意向公开时间原则上不得晚于采购活动开始前30日。采购活动开始时间按照以下标准确定：采用公开招标或邀请招标方式采购的，以发布招标公告或资格预审公告为准；采用竞争性谈判、竞争性磋商、询价或单一来源方式采购的，以发布公告或发出邀请为准；采用税务采购网在线竞价方式采购的，以采购人发起竞价单为准。

例：某高校2024年7月中文纸质图书采购意向公开。

为便于供应商及时了解政府采购信息，根据《财政部关于开展政府采购意向公开工作的通知》（财库〔2020〕10号）等有关规定，现将××大学2024年外文纸质图书采购项目2024年7月采购意向公开如下：

采购单位	××大学
采购项目名称	2024年外文纸质图书采购项目
采购品目	A04019900 其他图书
采购需求概况	满足“2024年外文纸质图书采购项目”采购要求
预算金额（元）	150000
预计采购时间	2024年8月
中小企业预留情况	不预留
落实政府采购政策功能情况	—
联系人	徐××
联系电话	××
备注	—

4.2.3 采购需求编制

采购需求编制是指根据各单位的业务需求和发展战略，对所需采购物品进行详细的规划和编制采购计划的过程。它是采购管理的重要环节，直接关系到各单位的采购成本、工作效率和业务发展。

（1）采购需求编制的内容。

①采购物品清单。列出需要采购的物品名称、规格、数量、用途等详细信息。

②采购时间安排。根据业务需求和供应商的交货能力，制订采购时间表，确保采购物品的及时供应。

③采购预算。根据采购物品的数量和价格，编制采购预算，

控制采购成本。

④供应商选择标准。制订供应商选择标准，包括供应商的信誉度、交货能力、价格、质量等方面的考虑。

⑤采购合同条款。制订采购合同的条款，明确双方的权利和义务，保障采购的合法性和安全性。

⑥采购流程和责任分工。制订采购流程和责任分工，明确各个环节的职责和流程，确保采购过程的顺利进行。

⑦采购风险评估。对采购过程中可能出现的风险进行评估和控制，确保采购过程的安全和稳定。

（2）某高校图书馆中文纸质图书采购需求编制示例。

①技术要求。

a. 供应商为专门从事图书经销的法人单位，有从事图书经销和数据加工业务的专业人员。近两年有为高校图书馆、科研机构或公共图书馆供应图书并提供相应机读数据（采访、编目）的经历。

b. 供应商应建有功能较完善、性能稳定的专业化图书电子商务网站，便于供需双方高效开展业务工作。

c. 供应商能通过互联网免费提供标准的新书征订书目数据和机读编目数据（数据要求参见《中国机读目录格式使用手册》《CALIS 联机合作编制手册》），并且其数据须完全符合用户图书集成管理系统的格式及运行要求，提供的所有数据都能在用户系统无障碍的使用。供应商提供的征订书目要以 2018 年各出版社出版的新书为主，内容需符合大专院校读者的要求；编目数据应比同批次送达的图书提前到馆，并达到 100% 的覆盖率。

d. 供应商应根据各高校的订购情况建立“××大学（学院）

图书馆预订图书数据库”，有对用户预订的图书进行查重的能力。用户可以退回由于采访数据不完整而造成错订的图书。

e. 供应商能按用户的订购书目提供未经使用的正版图书。图书来源渠道较广，与全国大多数出版单位有供货关系，经营图书品种丰富，提供与图书出版单位的供货合同或授权书复印件。

f. 供应商能提供符合国家财税法律规定要求的售书发票。

②服务要求。

a. 供应商在收到图书订单后应及时回复，确认是否收到订单，并按用户提出的书目及包装要求，将图书及时送交到用户指定地点，为此所发生的费用全部由供应商承担。

b. 供应商必须按用户订购的图书品种、数量及时供货，除取消出版、出版变更或发生影响协议履行的不可抗力事情外，若不能按时供货的图书种数或册数超过订单订购数的20%即可认定该供应商不具备供货条件。一旦用户提出终止供货的要求，该供应商必须接受，终止供货造成的损失由供应商承担。为尽可能消除因供应商不能按协议规定要求供货所造成的影响，用户有权采取相应的补救措施（如直接向出版商邮购图书或向其他供货商补订图书），由此给用户造成的各项损失或增加的各项费用（如折扣损失、邮费、数据费、加工费等）均由违约的供货商承担。

c. 定购价格与实际价格有较大出入的；订单层次与规定不符的；单册价格昂贵（中文图书价格超过人民币200元）且复本大于2册的；复本量过大的；特殊版本（活页、64及以下开本、随书配送磁带另外收费的）以及其他特殊情况，须经用户确认后安排采购。

d. 供应商在递交每一批图书时，应同时免费提供该批图书加盖供应商公章的清单一式三份以及规范的机读编目数据（采用CN MARC或US MARC）和对应的Excel格式书目文件各一份。图书分类应采用现行（中图法）的最新版本。

e. 供应商送交用户的图书不能有任何质量问题。若验收时发现有污染、图文不清、缺页、倒装、缺附件等不合格的图书以及与订单不符的图书，一律予以退货，不能以已加工为理由拒绝，由此造成的损失及费用全部由供应商承担。若发现明显不适宜用户收藏的图书，供应商应允许用户无条件退还。

f. 凡交到用户的图书，以图书定价作为计算书款的依据，经验收发现书款与发货单不符的，用户应及时通知供应商派员到验收地核算，供应商接到通知之日起10个工作日内不能派员核算的，以用户验收的实际数额计算书款金额。

g. 供应商在收到用户订单后，现货60日、期货180日还不能到货的图书，列出清单，并说明原因向用户反馈。用户根据实际情况再确定是否改换供应商或继续征订。

h. 供应商应在用户提供订单后及时征订图书，并在收到订单后及时反馈预订书目收到信息。用户工作人员将每月统计一次图书到馆率。中文图书：现采图书1个月内到馆率不得低于98%；电子订单预订图书前3个月的平均到馆率不得低于90%；全年平均到馆率不得低于95%。外文图书：现采图书1个月内到馆率不低于98%。电子订单预订图书前6个月的到馆率不低于90%，全年平均到馆率不得低于90%。

i. 全加工的要求：中标方负责将采购方的图书进行采后全加工服务，要求到馆进行全加工服务。主要有以下工序：拆包、核对清单；盖馆藏章；贴16cm 3M B2型平装书用磁条；在指定位置贴条形码；进行文献分类编目［分类编目须严格遵循《中国图书分类法》第五版及新版中国机读目录格式使用手册（2012 年版）有关之规则，具体要求本馆另行以书面形式告知］；打印财产登记账；打印、粘贴图书书标，加透明保护膜；辅助典藏人员做好典藏、统计工作；每周将分至临海校区的书打包并运至校车上。

j. 供应商不得以任何理由拒绝完成用户按工作规范提出的修改任务，用户对此种修改不承担任何费用。

k. 因供应商原因，发生图书的漏编、错编、误加工等错误，供应商有义务纠正并按要求补编、改正并承担相应费用。

l. 上述所有加工工序所需材料均由中标供应商提供。相关规范由本馆提供。

③如果有确凿证据证明各投标人之间存在串标等舞弊、违法行为，认为将损害自身利益，有权拒绝存在此行为的投标人投标或投标作废。

④本文件未及事项，在签订合同时供方、需方友好商定。

4.2.4 招标的方式与标书制作

中文纸质图书一般采用公开招标的方式采购。高校图书馆图书采购工作决定着图书馆的馆藏质量，影响着为师生服务的工作质量，是图书馆职能作用充分发挥的有力保障。而科学公平地选择供应商又是图书采购工作能否高质量完成的重要环节。针对部分供应商的不作为，必须制订适合高校图书馆的招标方案，完善评标标准，突出质量要求。评标标准及合同的制订十分关键，由图书馆相关工作人员组成图书招标项目小组，借鉴各自主招标高校图书馆的先进招标经验制作标书，供应商的业绩、与高校合作的规模、供书质量、时效、配到率，提供采访、编目数据和售后服务能力等因素直接影响图书采购质量，从资质、质量、价格、服务、信誉等方面对投标书商进行全方位的评议、打分，从最终作出正确的评标细节。同时针对供应商的提供服务承诺的条款要有相对明确的处罚规定，如必须提供合同保证金、必须是正规出版物、图书到货率、图书到馆的时间以及图书编目、加工相应配套服务都应有相应的处罚措施等，从而保证图书采购按计划进行，保障图书馆的合法权益。

高校的中文纸质图书采购标的金额一般较大，且图书种类繁多，单一供应商可能无法满足完全满足用户的需求，一般高校都会采购按图书的学科分类进行分标项采购。

例如：某高校中文纸质图书采购项目分标项采购采购需求：

标项	名称	数量	单位	简要技术需求或服务要求	预算金额	最高限价
1	人文科学类	1	家	哲学、文学、艺术、语言等	640000 元	75%
2	社会科学类	1	家	马列主义、毛泽东思想、邓小平理论、政治、军事、管理、历史、地理等	600000 元	75%
3	经济类	1	家	除财政、金融外的其他经济学	560000 元	75%
4	金融类及荐购	1	家	财政、金融等以及读者荐购的全品种图书［包括旧版、绝（断）版图书、售缺书等］	500000 元	75%

续表

标项	名称	数量	单位	简要技术需求或服务要求	预算金额	最高限价
5	自然科学及其他	1	家	包含计算机、数理化、天文、航空、医药、生物、农业、综合性图书及年鉴、考证考级类全品种图书	500000元	75%

同时为了确保项目的各个标项均由不同的供应商中标，在具体中标单位选择上采用兼投不兼中的方式确定中标供应商。这就要求我们在标书制作过程中，把兼投不兼中的方式写明标书的采购需求描述中。可以采用以下高校的中文纸质图书采购标书第二章内容。

某高校中文纸质图书采购招标文件（第二章采购需求）

1. 为落实政府采购政策需满足的要求

序号	政策名称	内容
(1)	政府采购进口产品	不允许采购进口产品
(2)	政府强制采购节能产品	不适用
(3)	政府优先采购节能、环保产品	不适用
(4)	政府采购支持科技创新	不适用
(5)	政府采购促进中小企业发展	提供材料详见招标文件第六章“报价文件” 本项目属性为：货物 采购标的对应的中小企业划分标准 所属行业：其他未列明行业 中小企业划型标准：从业人员300人以下的为中小微型企业。其中，从业人员100人及以上的为中型企业；从业人员10人及以上的为小型企业；从业人员10人以下的为微型企业

续表

序号	政策名称	内容
(6)	政府采购支持监狱企业发展	提供材料详见招标文件第六章“报价文件”
(7)	政府采购促进残疾人就业	提供材料详见招标文件第六章“报价文件”

2. 采购资金的支付方式、时间、条件

▲履约保证金	(1)合同签订后一周内，中标人向采购人提交伍仟元的履约保证金，履约保证金在合同履约期间无违约情形的，项目验收结束后，于一周内退还（不计息）； (2)提交方式：支票、汇票、本票或金融机构、担保机构出具的保函等非现金形式
▲付款方式	(1)预付款： ①支付条件：供应商提交银行、保险公司等金融机构出具的预付款保函； ②支付时间、数额：合同生效并已向采购人提交预付款保函后7个工作日内，采购人向供应商支付预算金额40%的预付款。 备注：签订合同时，供应商明确表示无须预付款或者主动要求降低预付款比例的，采购单位可不适用前述规定。 (2)采购合同签订后，图书送达指定地点，经采购人验收合格且成交供应商已提交履约保证金的，采购人向成交供应商支付合同总价的100%。 备注：书款以图书码洋 * 中标折扣数计算

3. 服务要求（技术要求里另有注明的以技术要求为准）

交付时间	交货期：正常情况下，订单发出后30日内送达指定地点；特殊订单（如荐购书目），须在订单发出后5日内以快递方式免费邮寄到指定地点
交付地点	浙江金融职业学院图书馆采编室
▲质保期	1年，项目验收合格后开始计算

续表

服务标准、期限、效率	在质保期内，供应商应对货物出现的质量及安全问题负责处理解决并承担一切费用，质保期内图书质量发生问题免费予以调换
验收标准	(1) 验收由采购人负责实施。 (2) 验收依据： ①合同、招标文件、投标文件； ②供应商提供的技术规格、经采购人认可的合同货物的有效检验文件； ③供应商投标文件中提供的经采购人认可的合同货物的验收标准（符合中国有关的国家、地方、行业标准）和检测办法及相应检测手段。 (3) 供应商应派员在所供货物到采购人处时进行到货验收，有需要时能联系产品制造商到场共同验收，若发现任何损坏及质量问题，供应商负责妥善处理直至采购人满意，由此产生的费用由供应商承担。 (4) 验收合格的条件： ①所供货物符合产品标准和合同的要求； ②在进行测试和验收过程中发现的问题已被解决并得到采购人的认可； ③合同中规定的所有货物和材料均已交付； ④所供货物已通过使用单位组织的验收； ⑤所有相关的技术文件及资料均已提交并得到接受
备品备件及耗材等要求	(1) 防盗磁条：每本图书需贴钴基复合防盗磁条 16cm 二条。 (2) 条形码：封面一张，与书标位置并列；书名页一张，位置在题名页，位于馆藏章下方，出版社上方。 (3) 书标： ①书标粘贴距离在书脊处离下边缘 3.3cm 并且加膜。 ②I 类和 J 类用红色书标。 ③英语三级、四级、六级、各类资格考试等用书用黄色书标。 ④经典阅读馆图书用墨绿色书标。 ⑤其他类用蓝色书标
培训	(1) 全年组织至少二次全国大型书展的现场采购。 (2) 提供图书采编相关的技术讲座。 (3) 配合学校和图书馆活动需要，协助举办知识讲座、专家讲坛等各种形式的知识与学术交流活动。 (4) 为用户提供编目、馆藏资源建设等相关业务培训与学习

4. 技术要求

（1）需执行的国家相关标准、行业标准、地方标准或者其他标准、规范：如技术要求中未注明需执行的国家相关标准、行业标准、地方标准或者其他标准、规范的，执行最新标准、规范。

（2）需实现的功能或者目标：2024年度中文纸质图书。

（3）技术需求：

①供应商有从事图书经销和数据加工业务的专业人员。近两年有为高校图书馆、科研机构或公共图书馆供应图书并提供相应机读数据（采访、编目）的经历。

②供应商应建有功能较完善、性能稳定的专业化图书电子商务网站，便于供需双方高效开展业务工作。

③供应商能通过互联网免费提供标准的新书征订书目数据和机读编目数据（数据要求参见《中国机读目录式使用手册》《CALIS联机合作编制手册》），并且其数据须完全符合用户图书集成管理系统的格式及运行要求，提供的所有数据都能在用户系统无障碍的使用。供应商提供的征订书目内容需符合大专及大专以上读者需求；编目数据应比同批次送达的图书提前到馆，并达到100%的覆盖率。

④供应商应根据采购方的订购情况建立“浙江金融职业学院图书馆预订图书数据库”，有对用户预订的图书进行查重的能力。用户可以退回由于采访数据不完整而造成错订的图书。

⑤供应商能按用户的订购书目提供未经使用的正版图书。图书来源渠道较广且通畅，同国内绝大多数出版社有供书合作关系，不仅确保国内中央级、大学级出版社的供书，而且保证绝大多数地方出版社出版的供书，经营图书品种丰富，提供与图书出

版单位的供货合同。

⑥供应商能提供符合国家财税法律规定要求的售书发票。

⑦在高校图书馆用书发行领域有可靠的供货渠道及良好的公司信誉，有稳定的图书馆客户群体，且具有完善的图书配供技术能力、服务条件和售后服务保障能力。

⑧供应的图书应符合国家规定的相应要求与标准，没有知识产权纠纷。

（4）技术服务要求。

①采访书目信息的准确、覆盖程度和时效性。

供应商根据浙江金融职业学院现有的专业提供相关的书目，提供的各专业书目的数量要均衡，书目格式必须符用户要求。

采访书目数据涵盖全国不低于98%以上出版社出版的最新图书（包含国内出版的外文图书）。各标项分别总种类不得少于10万种（送选数据本身不得重复，与馆内已订或馆藏数据不得有重复且符合读者层次）。提供的书目时效性强，计算机类、考证考级类图书要求提供当年新出版图书；其他新书时限要求为近一年内出版的图书；因师生推荐及其他特殊要求供应商提供的书目，出版年代不受限制。供应商不得向用户限制性提供图书目录。

以一周一次为周期，以标准中文MARC和Excel格式，按现货和期货两种形式发送采访书目数据（采访数据文件名标明现货或期货，共几条数据等信息）。主动推送或按需方要求提供主题采访书目。

②订单处理。

第一，对订单调整要求的反应能力。用户订单调整要求（退订、减少或增加订数）能在24小时内响应，并根据用户要求及时供货。

第二，订单异常处理能力。订单接收后48小时内反馈收到信息，发现订单名称里不包含对应书商名称缩写、单册码洋150元及以上的订购数超过2、单册码洋500元以上、儿童读物、纯外文书、异常开本的图书等情况时需要二次确认。订单处理过程中，发现书名和ISBN变更、出版时间延后或出版计划取消、丛书或者连续出版物复本书不配套等情况应及时通报。

第三，对未能采购图书订单的处理。现货30日、期货60日未能到货的图书应及时反馈给用户，用户有权采取相应的补救措施（如直接向出版商邮购图书或向其他供货商补订图书），由此给用户造成的各项损失或增加的各项费用（如折扣损失、邮费、数据费、加工费等）均由违约的供货商承担。

③到书率。正常情况下，订单发出后30日内送达指定地点；特殊订单（如荐购书目），须在订单发出后7日内以快递方式免费邮寄到指定地点；现采图书1个月内的到馆率不得低于98%；全年平均到馆率不得低于95%。

④自备书目采购及自定较窄主题采购的响应速度。建立图书订购绿色通道，自备书目采购图书有求必有回应。对于图书馆读者和学校教学急需用书，做到48小时送书到校。特色馆藏、各种考证考级类图书的采购必须保证如期如量配送。

⑤退书的处理。若验收时发现有污染、图文不清、缺页、倒装、缺附件等不合格的图书，以及与订单不符的图书，一律予以退货；在验收和使用中如发现图书有错页、缺页、漏页、脱胶、装订错误、印刷错误等情况，供应商应负责在3个工作日内调换或退书；若发现明显不适宜用户收藏的图书，供应商应允许用户

无条件退还。以上情况均不能以已加工为理由拒绝，由此造成的损失及费用全部由供应商承担。

⑥图书配送。供应商须对加工完成的图书按馆藏地分类或打包，按用户要求定期运送至指定地点进行拆包，并按照排序上架到指定书架，为此所发生的费用全部由供应商承担。

⑦图书质量保证。图书供应商供应的新书必须是国家正版发行物，如发现有盗版图书，立即终止与图书供应商的合同，退还全部图书，并要求供应商赔偿码洋200%的损失，供应商承担全部法律责任；发生图书采购错误，供应商负责退货、退款并赔偿码洋60%的损失。

⑧供应商根据用户要求及时提供规范、标准的编目数据。

编目数据以CALIS联合编目中心的数据格式为准，包含必备字段和有则必备字段，编目数据使用《中国图书分类法（第5版）》及其使用手册，遵行《国际标准书目著录ISBD》《中国文献编目规则（第二版）》《GBT 33286—2016中国机读书目格式》著录原则，依据《中国分类主题词表（Web版）》进行文献分类标引和主题标引，执行用户相关业务规则，数据质量应当符合用户要求。

编目数据信息（按标准格式）通过电子邮件在图书到达之前传送至用户指定的电子邮箱，并能准确导入采购单位的图书馆文献管理系统，保证100%覆盖率。用户对供应商提供的编目数据拥有使用权和所有权，不涉及第三方利益。

⑨全加工要求。

防盗磁条：每本图书需贴钴基复合防盗磁条16cm二条。

条形码：封面一张，与书标位置并列；书名页一张，位置在题名页，位于馆藏章下方，出版社上方。

书标：

书标粘贴距离在书脊处离下边缘3.3cm并且加膜。

I类和J类用红色书标。

英语三级、四级、六级、各类资格考试等用书用黄色书标。

经典阅读馆图书用墨绿色书标。

其他类用蓝色书标。

供应商不得以任何理由拒绝完成用户按工作规范提出的修改任务，用户对此种修改不承担任何费用。因供应商原因发生的图书漏编、错编、误加工等错误，供应商有义务纠正并按要求补编、改正并承担相应费用。

⑩其他服务。

第一，及时提供特色馆藏、考证考级类图书的采访数据并保证如期如量配送；提供App手机版购书系统；与微信公众号结合，实时推出新书书目及新书介绍，并提供新书书目链接网站。

第二，全年组织至少二次全国大型书展的现场采购。根据学校和图书馆工作的需求，协助用户组织师生现场采购或到馆到校举办各类书展活动（展示新书品种在1000册以上）；定期组织各类新书、好书到馆到校进行设点流动供应图书，保证新书好书及时和师生见面。

第三，免费承担我校师生及社会捐赠图书的编目、加工、上架任务。

备注：

本项目采用兼投不兼中的方式，投标人可参加所有标项的投标，但最多只能成为一个标项的中标人。即一个投标人同时为多个标项排名第一的中标候选人时根据标项顺序（一、二、三、四、五顺序）确定其中标的标项，剩余标项的中标人由对应标项排名第二的中标候选人递补，依此类推直至所有标项中标人产生为止。

（注：如仅有五家单位均参加标项一、标项二、标项三、标项四、标项五的投标，则标项一、标项二、标项三可以确定中标人，标项四、标项五投标人不满足三家；如仅有三家单位均参加标项一、标项二、标项三的投标，则标项一可以确定中标人，标项二、标项三投标人不满足三家；依此举例进行类推。）

4.2.5 合同管理

图书采购中合同管理主要关注以下几个方面：

（1）明确双方权利义务。合同是采购过程中的法律依据，通过签订合同可以明确供应商和采购方的权利义务，避免因为双方对于采购内容、价格、交付时间等方面的理解不一致而引发的纠纷。

（2）规范采购流程。合同是采购流程中的重要环节，通过合同的签订可以规范采购流程，明确采购程序和标准，保证采购的合法性和规范性。

（3）保障采购质量。合同中可以约定采购品质、数量、交货期限等具体细节，从而保障采购质量，避免采购方因为供应商未能按照约定交付货物而造成的损失。

（4）降低采购风险。合同中可以约定违约责任和赔偿方式，从而降低采购风险，保障采购方的利益。

（5）便于后续管理。合同签订后，采购方可以根据合同内容进行后续管理，如验收、付款等。

4.3 中文纸质图书采购存在的问题

图书馆中文纸质图书采购存在的问题主要包括以下几个方面：

（1）预算不足：由于图书馆预算有限，采购经费不足，导致无法购买到足够数量和质量的中文纸质图书。

（2）采购渠道单一：图书馆采购渠道单一，主要依靠少数几家大型出版社和书商，导致采购范围狭窄，无法满足读者多样化的需求。

（3）采购流程烦琐：图书馆采购流程烦琐，需要经过多个环节的审批和审核，导致采购周期长，无法及时满足读者需求。

（4）缺乏专业人员：图书馆缺乏专业的采购人员，无法准确把握市场动态和读者需求，导致采购决策不够科学和合理。

（5）图书质量参差不齐：由于市场监管不严格，一些出版社和书商为了追求利润，出版和销售质量参差不齐的中文纸质图书，给图书馆采购带来了很大的困扰。

4.4 优化中文纸质图书采购的对策

（1）近几年来，中文纸质图书采购项目市场竞争越趋激烈，经常出现6折甚至是6折以下中标的情况，过低的折扣导致图书质量无法保障，具体表现为：

①低折扣中标的供应商为保证自己的收益，无法提供最近时间的新书目录供图书馆选购。

②提供的图书存在盗版图书的情况，需要图书馆进行甄别，大大降低了采购的工作效率。

③可能存在无法提供数据编目，或者是提供的书目信息无法保证质量。

（2）为了更好地提供中文纸质图书的采购服务，结合图书馆的采购经验，可以通过以下方面进行完善：

①制订合理的采购计划。根据图书馆的需求和预算，制订合理的采购计划，避免过度采购或采购不足的情况。

②加强供应商管理。与供应商建立长期稳定的合作关系，加强对供应商的管理和监督，确保供应商的服务质量和价格合理。

③提高采购效率。采用信息化手段，如电子采购系统、在线订购等方式，提高采购效率，减少人力和时间成本。

④加强选题和评估。在采购前进行选题和评估，确保所采购的图书符合读者需求和图书馆的发展方向。

⑤推广数字资源。加强数字资源的推广和使用，减少纸质图书的采购和存储成本，同时满足读者的需求。

⑥加强读者参与。通过读者调查、意见反馈等方式，了解读者需求和反馈，为采购提供参考和依据。

⑦建立采购评估机制。建立采购评估机制，对采购的图书进行评估和反馈，及时调整采购策略和方向。

第5章

中文数字资源采购

5.1 中文数字资源采购概况

图书馆提供的数字资源类型丰富多样，主要包括以下几类：

（1）数字资源：包括电子期刊论文、电子图书等，这些资源通过在线平台提供访问，涵盖了各个学科领域的最新研究成果和知识。

（2）学术资源发现平台：如万方数据知识服务平台、盈科学科服务、超星期刊等，这些平台整合了全球优质数据资源，包括学术期刊、学位论文、会议论文、科技报告、专利、标准等，为用户提供全面的学术信息检索和获取服务。

（3）专业数据库：包括长江文库数据库、国家军用标准全文数据库等，这些数据库专注于特定领域的信息收集，如军事标准、科学技术等，提供标准检索、全文检索等功能，满足专业研究和学习的需求。

（4）移动阅读平台：如超星移动图书馆、元阅读精品电子书数据库等，这些平台支持在手机、平板等移动设备上使用，提供个人借阅查询、馆藏查阅等服务，方便用户随时随地访问图书馆资源。

（5）素质教育资源：包括各种在线课程、教育资料等，旨在提供多样化的学习资源和教育服务，满足不同用户的学习和发展需求。

这些数字资源不仅覆盖了广泛的学科领域，还提供了多种访问方式和功能，以满足不同用户的研究、学习和工作需求。通过这些数字资源，用户可以方便快捷地获取信息，提高学习和工作的效率。

5.2 数字资源适用的采购方式

各图书馆使用的大部分数字资源均由某一特定的供应商提供，所以一般都实施单一来源的采购方式。在实施过程中，单一来源采购需开展采购论证，可以参照《中华人民共和国政府采购法》第三十一条论证其唯一性。同时在相应媒体上进行单一来源采购公示，公示内容包括：项目基本情况介绍、拟定供应商信息、公司期限、其他补充事宜、联系方式和附件等。除采用单一来源的方式实施数字资源采购外，集团采购是当前高校图书馆采购数字资源的主要方式。以浙江省为例，浙江省高校主要参加全国高校图书馆数字资源采购联盟（DRAA）和浙江省高校数字图书馆（ZADL）组织的集团采购。DRAA 和 ZADL 的形成正是为了规范高校的文献采购行为，提高高校经费使用效益，并为其谋求最优价格和服务。由于集团采购用户规模大，谈判组成员均为图书馆业内资深专家，对数字资源的内容、质量、效益、成本、服务等综合评估把关严格，采购工作流程规范，并能获得比单个馆单独谈判更优惠的价格。因此，集团采购工作一直得到广大高校的广泛认可和参与。

5.2.1 DRAA 数字资源采购联盟

（1）DRAA 的成立背景。1998 年，我国在购买美国 EI 公司基于 Web 版的 Ei Village 时，兼顾双方利益后达成协议：由中国高等教育文献保障系统（China Academic Library & Information System，CALIS）工程文献中心组建包括清华大学、上海交通大学等十所高校在内的“Ei Village 中国集团”购买该数据库。这次购买活动拉开了数字资源集团采购在我国蓬勃发展的帷幕。此后，CALIS 组织过多次数字资源集团购买活动，为高校增加了数字信息资源，也为国家和成员馆节省了资金。为减轻 CALIS 的负担，同时进一步深入发展高校图书馆数字资源集团采购工作，2009 年 12 月 18 日，CALIS 召开了 CALIS 引进资源工作组扩大会议，对 CALIS 引进资源集团采购工作进行了调整。2010 年 4 月 15 日，召开高校图书馆数字资源采购联盟筹备会议，与会图书馆代表发起成立联盟，原则通过《高校图书馆数字资源集团采购联盟章程》《高校图书馆数字资源集团采购联盟工作规范》《高校图书馆数字资源采购联盟集团采购委托协议》，并推举北京大学图书馆馆长朱强为联盟理事长，联盟秘书处设在北京大学图书馆。2010 年 5 月 12 日，在 CALIS 第八届国外引进数据库培训周大会上，高校图书馆数字资源采购联盟成立，并发布联盟章程、工作规范和工作主页。由此，高校引进资源集团采购的组织工作正式由 CALIS 移交至高校图书馆数字资源采购联盟。2010 年 6 月 17 日，高校图书馆数字资源采购联盟秘书处正式发布了关于“成立高校图书馆数字资源集团采购联盟”的通知。至此，我国高校图书馆数字资源集团采购联盟，即 DRAA 正式成立。

（2）DRAA 的组织和管理体系。DRAA 是以高等教育系统为基础，由全国高校图书馆组成的联盟。DRAA 的管理体系主要由成员馆、理事会、秘书处组成。各个高校图书馆和图书情报机构可自愿申请成为成员馆，且需依照章程履行成员馆的义务并享有成员馆的权利。理事会为决策机构，负责制订联盟发展战略、指导联盟工作实施。秘书处为执行机构，负责落实各项决议，处理日常事务。联盟牵头馆共有 11 家高校图书馆，包括清华大学、北京大学、中国农业大学、上海交通大学、中山大学、南京大学、武汉大学、西安交通大学、四川大学、兰州大学和复旦大学图书馆。在组织开展引进资源联盟采购工作时，主要由牵头馆对数据库进行评估，联盟秘书处组织试用存在集团采购可能性的数据库，然后根据试用、馆藏等多方面情况确定是否组织集团采购谈判，并按照联盟工作规范上报理事会。

（3）DRAA 的资金来源。DRAA 的资金来源主体主要是政府和各成员馆。在进行数字资源集团采购时，各成员馆需要按照集团采购方案与数据库商签署采购合同，有时还需和代理商签署进出口合同。合同签订后，除中央政府给予一定的资金补贴外，各个成员馆也要根据采购方案中的要求，在规定时间内将本馆应付的钱汇给代理商，该资金来源各个成员馆的文献资源购置经费。

（4）DRAA 的价格模式。通过对 DRAA 价格模式的研究发现，该联盟所购置资源的定价方式大致可以分为两大类，即数字资源与纸质资源捆绑定价模式和按多重标准进行分级的定价模式。其中，数字资源与纸质资源捆绑定价模式又可分为 3 种：

①购买电子期刊，可获得纸本刊的优惠价格；②订购数据库时也需要保证其原有纸质期刊订购数量不变；③在保证纸本期刊最低购买标准的基础上才能购置电子期刊。在分级定价模式中，有多重分级标准，例如，按照用户规模的定价模式、按照高校级别的定价模式、按照用户个数的定价模式、按照成员馆数量的定价模式以及按照成员馆地理位置、使用情况等定价模式。在联盟实际采购工作中，有时会将两种或两种以上定价方式结合使用，以尽可能获得数字资源集团采购的最大效益。

(5) DRAA 的共享和访问方式。在以集团采购数字资源的方式购置资源后，为实现数字资源的共建共享，国内通常会采用3种方式：①参与集团采购的成员馆共同购买数据库的并发用户数，通过共享并发用户个数实现资源共享；②参与集团采购的成员馆分别购买数据库的一部分资源，然后合并到一起，这样集团采购成员馆就能够拥有整个数据库，并由参加集团采购的所有成员馆共同使用；③参加集团采购的成员馆各自购买一个资源的电子版复份，往往买的复份越多，价格也就越低，这样也能拥有相对较多的资源，为参与集团采购的所有成员馆提供资源服务。经过多年集团采购经验的积累，DRAA 目前的访问方式主要包括租用网络专线、建立镜像服务器、组织开放本地平台和通过国家网络访问数据，几种访问模式各有利弊，需要依据资源类型来进行取舍。

(6) DRAA 的采购流程。DRAA 的资源采购流程起于牵头馆，在采购某种数字资源时，由 11 家牵头馆预先向 DRAA 的所有成员馆发布采购方案，并与数据库商联系资源试用，各成员馆根据采购方案和试用情况决定是否参团。联盟秘书处会协助牵头馆公开发布订购通知，并成立招标工作组，然后由招标工作组和联盟秘书处共同负责选择代理商。待组团名单确定后，牵头馆组织谈判组与数据库商及代理商进行谈判，协议达成后，各成员馆再按照协议付款给数据库商或出版商。代理商会将付款信息反馈给采购集团和数据库商，各个成员馆和数据库商查看付款信息无误后，该次采购活动即完成。

5.2.2 ZADL 高校数字图书馆联盟

浙江省高校数字图书馆（Zhejiang Academic Digital Library，ZADL）项目建设是在浙江省教育厅的领导下和全省高校的共同参与下建立的。ZADL 项目的总体建设目标是：构建面向全省高等院校的数字化文献信息保障服务体系，形成具有国内先进水平、功能齐全、资源丰富、覆盖面广的浙江省高校数字化图书馆。具体包括，建成全省高校共享的国内一流的数字化文献信息资源库；建立覆盖全省高校的数字图书馆服务体系，包括省级服务中心和五个分中心，向全省高校用户提供数字资源服务；培养一批数字图书馆管理与服务的优秀人才，满足全省服务、资源建设、技术支撑需求；健全项目建设管理协调制度以及考核激励制度。

ZADL 项目的总体思路是：依托“中国高等教育文献保障系统（CALIS）［http：//www. calis. edu. cn］”和“中英文图书数字化国际合作计划（CADAL）［http：//www. cadal. cn］”的建设成果，以系统化数字化的学术信息资源为基础，以先进的数字图书馆技术为手段，以国家教育科研网（CERNET）为依托，为浙江省高等学校教学、科研和重点学科建设提供高效率、全方位的文献信息保障与服务，成为经济和社会发展的重要基础设施。

5.2.3 中文数字资源单一来源采购

（1）采购意向公开。

推进采购意向公开是优化政府采购营商环境的重要举措。做好采购意向公开工作有助于提高政府采购透明度，方便供应商提前了解政府采购信息，对于保障各类市场主体平等参与政府采购活动、提升采购绩效、防范抑制腐败具有重要作用。中文电子资源采购意向公开内容应当包括采购项目名称、采购需求概况、预算金额、预计采购时间等。其中，采购需求概况应当包括采购标的名称、采购标的需实现的主要功能或者目标、采购标的数量以及采购标的需满足的质量、服务、安全、时限等要求。采购意向应当尽可能清晰完整，便于供应商提前做好参与采购活动的准备。

采购意向仅作为供应商了解各单位初步采购安排的参考，采购项目实际采购需求、预算金额和执行时间以预算单位最终发布的采购公告和采购文件为准。

（2）单一来源论证及公示。

依据《政府采购法》“第三十一条 符合下列情形之一的货物或者服务，可以依照本法采用单一来源方式采购：（一）只能从唯一供应商处采购的；”，中文数字资源项目需开展单一来源采购的，需进行单一来源论证。根据各单位内控管理办法，一般要求3名本单位以外的专家召开单一来源采购论证会议，对中文数字资源的单一性进行论证。论证通过后提交书面报告，说明具体理由、拟定供应商名称等。

属于《政府采购法》第三十一条第一项情形，且达到公开招标数额的货物、服务项目，拟采用单一来源采购方式的，采购人、采购代理机构在按照本办法第四条报财政部门批准之前，应当在省级以上财政部门指定媒体上公示，并将公示情况一并报财政部门。公示期不得少于5个工作日，公示内容应当包括：

（一）采购人、采购项目名称和内容；

（二）拟采购的货物或者服务的说明；

（三）采用单一来源采购方式的原因及相关说明；

（四）拟定的唯一供应商名称、地址；

（五）专业人员对相关供应商因专利、专有技术等原因具有唯一性的具体论证意见，以及专业人员的姓名、工作单位和职称；

（六）公示的期限；

（七）采购人、采购代理机构、财政部门的联系地址、联系人和联系电话。

任何供应商、单位或者个人对采用单一来源采购方式公示有异议的，可以在公示期内将书面意见反馈给采购人、采购代理机构，并同时抄送相关财政部门。采购人、采购代理机构收到对采用单一来源采购方式公示的异议后，应当在公示期满后5个工作日内，组织补充论证，论证后认为异议成立的，应当依法采取其他采购方式；论证后认为异议不成立的，应当将异议意见、论证意见与公示情况一并报相关财政部门。

采购人、采购代理机构应当将补充论证的结论告知提出异议的供应商、单位或者个人。

具体论证公示格式可参考以下高校的中文数字资源采购单一

来源论证公示：

××大学关于2025年度电子资源采购项目单一来源采购的公示

来源：××大学

一、项目基本情况

采购人：××大学

项目名称：2025年度电子资源采购

拟采购的货物或服务的说明：

标的名称：2025年度电子资源采购

数量：13

预算金额（元）：692200

单位：套

货物或服务的说明：本项目为浙江金融职业学院图书馆13个电子资源采购项目。

拟采购的货物或服务的预算总金额（元）：692200

采用单一来源采购方式的原因及说明：图书馆在开展2025年度学校电子资源具体实施采购前期，已对兄弟院校图书馆具体做法，校内相关部门、教职工、学生做充分需求调研并对续费电子资源点击量等使用情况做摸底。

根据学校图书馆工作委员会2024年第二次会议决议及《2025年度学校图书馆电子资源采购方案》，2025年我校对中国知网、中国共产党思想理论资源数据库、国研网世经数据库和研究报告数据库、中经金融、银符考试库、新东方多媒体学习库、人大复印报刊资料、知网学术不端检项目、百度教育云平台，博看期刊、CSMAR 数据库、中国思想与文化名家、起点考试库 13 个具有单一性电子资源进行续订。

因本次执行的上述中国知网等 13 个电子资源的采购均具有单一性，特申请单一来源采购，望予以批准为盼。

二、拟定供应商信息

名称：详见附件

地址：详见附件

三、公示期限

2024 年 7 月 5 日至 2024 年 7 月 12 日

四、其他补充事宜

本项目公告期限为 5 个工作日，供应商对该项目拟采用单一来源采购方式及其理由和相关需求有异议的，可以在公示期限内（截止时间为本公示发布之日后的第 6 个工作日），以书面形式向采购人及同级财政监管部门提出异议。

五、联系方式

1. 采购人信息

2. 同级政府采购监督管理部门

六、附件

专业人员论证意见

5.2.4 基于绩效评价的数字资源采购

为满足高校科学研究和教学活动的需求，图书馆在数字资源建设方面应该尽量采购高质量的数字资源，因此对数字资源进行绩效评价显得尤为重要。

数字资源的绩效评价应该包含两个方面：

（1）对采购的数字资源开展数据和服务的绩效评价。主要包括对数字资源的采购数量、内容质量和后续服务进行定性考察与定量评估分析，科学有效的绩效评估分析方法不仅可以提高数字资源管理质量和服务效能，使图书馆有限的经费资源实现价值效益最大化，而且会促使数字资源管理和建设朝更合理、更优化的方向发展，提升数字资源管理水平与服务质量。

（2）对采购的数字资源开展使用绩效评价。主要包括对数字资源按年份、分类用户使用情况进行绩效评价，为后续的服务和是否继续采购提供具体的数据支撑。

5.2.5 优化中文数字资源采购的建议

优化中文数字资源采购是一个涉及多方面的复杂过程，本书提出以下一些建议，以期帮助采购效率和资源利用率的提高。

（1）需求分析。定期进行用户需求调研，了解教师和学生的具体需求。根据学科发展和教学科研需求，制订合理的采购计划。

（2）供应商评估。对供应商进行全面评估，包括资源质量、服务水平、价格合理性等。建立长期合作关系，争取更好的价格和服务条件。

（3）资源整合。整合现有资源，避免重复采购。多利用开放获取资源和免费数据库，减少不必要的开支。

(4）技术支持。确保采购的数字资源能够与图书馆现有的技术平台兼容。提供必要的技术培训和支持，帮助用户更好地利用资源。

(5）预算管理。制订合理的预算计划，确保资金的合理分配和使用。定期进行成本效益分析，评估采购的资源是否达到预期效果。

(6）用户反馈。建立用户反馈机制，及时了解用户对资源的满意度和改进建议。根据用户反馈调整采购策略，提高资源的使用效率。

(7）版权合规。确保所有采购的数字资源都符合版权法规，避免侵权风险。加强版权意识教育，提高用户对版权合规的认识。

5.3 中文数字资源采购存在的问题

中文数字资源采购是一个较为烦琐的过程，目前高校中文数字资源采购主要存在重复建设、采购不规范、使用率不高等问题，具体表现为：

(1）资源垄断与重复建设，市场结构性矛盾突出。

①供应商垄断加剧：中文数字资源市场呈现出寡头垄断格局，以 CNKI、万方、维普等为代表的供应商在市场中占据主导地位。高校图书馆不仅外文数据库的重复率超过 40%，中文数据库的重复率更是居高不下。以福州地区高校的调查情况为例，Wiley、SpringerLink 等外文数据库存在严重的重复配置现象。

②采购决策被动化：部分高校图书馆在采购决策过程中过度依赖供应商的推荐，自身缺乏科学、自主的采购规划。虽然深圳大学图书馆曾借助文献覆盖率指标对采购结构进行优化调整，但整体采购工作仍在较大程度上受到市场供给的制约。

③不良影响：重复采购的情况直接导致高校图书馆预算的严重浪费。例如，某高校图书馆每年因重复采购所耗费的资金占比超过 50%，这无疑极大地挤压了原本可用于采购外文资源的资金空间。

（2）采购流程失范，全链条存在漏洞。

①需求调研缺失：西安铁路职业技术学院图书馆通过问卷调查、电话咨询等方式提高采购的精准度，但大多数高校图书馆机构仍然缺乏对学科发展动态的持续追踪机制，无法有效开展需求调研。

②试用评估形式化：部分高校图书馆试用的数据库数量超过百种，但由于缺乏系统的比对标准，最终采购的资源实际使用率不足 30%。

③验收机制失效：数据供应商掌握着统计接口，存在后台数据造假的风险。尽管安庆市图书馆尝试通过读者满意度调查反向验证使用数据，但这仅仅是个例，尚未形成普遍的有效做法。

此类典型案例还有很多，例如，某省图书馆由于在验收环节存在缺失，采购的电子书数据库实际收录图书数量仅为供应商承诺数量的 60%，给图书馆造成直接经济损失。

（3）成本失控，隐性浪费严重。

①硬件冗余：部分高校机构为推进数字化资源采购工作，额外增配服务器，但由于前期缺乏合理规划，导致服务器性能大量

闲置。例如，某高校服务器的年均利用率不足45%。

②功能溢价：一些高校存在盲目追求数据库“大而全”功能的现象。例如，某职业学院采购的数据库中包含大量与本校需求无关的模块，每年为此支付的维护成本超出预算30%。

③价格不透明：外文数据库在续订时，年均涨幅达到8%－12%。而中文数据库由于缺乏有效的竞价机制，定价权完全被供应商掌控。虽然深圳大学图书馆通过成本效益比指标成功控制了数据库单价，使数据库次均服务成本降低了15%，但整个行业目前仍然缺乏统一的定价标准。

（4）评价与管理缺位，采购与使用闭环断裂。

①用户反馈断层：仅有20%的高校图书馆建立了常态化的读者满意度调查机制。深圳大学图书馆通过收集用户评价不断优化采购工作，但这在整个行业中属于少数情况。

②绩效评价单一：当前高校图书馆对数字资源的绩效评价过度依赖下载量指标，导致出现部分数据库通过刷量手段显示出高使用率，但实际有效访问量不足5%的情况。

③区域协作失效：长三角高校图书馆联盟曾尝试开展联合采购工作，但由于在利益分配、各高校需求差异等方面难以达成一致，最终难以持续推进。

5.4 优化中文数字资源采购的策略

（1）优化采购模式。继续推进集团采购模式，图书馆可积极参与高校系统、科研系统或公共图书馆系统等组织的集团采购，还可探索跨系统的集团采购合作。同时，加强线上采购平台建设，完善采购流程的信息化管理，实现采购申请、审批、订单生成、合同签订等环节的全流程在线操作，提高采购效率。

（2）丰富采购内容。除了常规的学术数据库、电子图书等资源，应加大对特色资源的采购力度，如地方文化数据库、行业特色知识库等。关注新兴的数字资源类型，如多媒体资源、开放获取资源等。对于多媒体资源，可采购一些高质量的学术视频、音频资料等，丰富资源的表现形式。

（3）加强采购规划与评估。制订长期和短期的数字资源采购规划，根据图书馆的发展战略、学科建设需求和读者群体特点，明确采购的重点和方向。建立科学的数字资源评估体系，定期对已采购的数字资源进行评估，包括资源的使用情况、读者满意度、资源质量等方面。

（4）强化合作与共享。进一步加强图书馆之间的合作与资源共享，通过建立联合目录、馆际互借、文献传递等服务机制，实现不同图书馆之间中文数字资源的互联互通。同时，积极探索与其他机构的合作，如图书馆可以与当地的档案馆、博物馆等文化机构合作，整合各方的数字资源，共同打造综合性的文化数字资源平台。

（5）提升技术应用水平。利用大数据分析读者的阅读行为、资源需求偏好等信息，为数字资源采购提供数据支持，实现精准采购。同时，利用人工智能技术，如智能推荐系统，为读者推荐符合其需求的数字资源。还可探索利用区块链技术，确保数字资源的版权安全和交易的可追溯性，为数字资源采购提供可靠的技术保障。

（6）培养专业人才。加强对图书馆采购人员的培训，提高其数字资源采购的专业素养和技能水平，包括对数字资源市场的了解、采购谈判技巧、版权管理知识等方面的培训。引进具有信息管理、计算机技术、版权法律等专业背景的人才，充实图书馆的采购团队，为数字资源采购工作提供专业支持。

（7）争取政策与资金支持。图书馆应积极争取政府部门在数字资源采购方面的政策支持，如制订相关的采购标准和规范、给予税收优惠等。同时，拓宽资金来源渠道，除政府财政拨款外，可通过接受社会捐赠、与企业合作等方式，增加数字资源采购的资金投入。

（8）推动纸电一体化。积极推广纸电同采模式，加强与出版社、书商的合作，推动纸质文献与数字资源的同步发行、采购、编目、检索和服务，提高资源获取效率和管理效益，满足读者多样化的需求。

第6章

外文纸质图书采购

6.1 我国外文纸质图书采购概况

根据2024年7月的最新数据，我国高校图书馆馆藏外文纸质图书总藏量约为0.966亿册，年度总增长量约209.6万册，年度总购置费约2.59亿元。这一数据反映了我国高校图书馆对外文纸质图书的持续采购和增长趋势。近年来，大部分高校和图书馆在采购外文纸质图书时多采用公开招标的方式，以确保采购过程的透明度和公正性。

采购外文纸质图书主要有两个渠道。

（1）国内图书进口商：中国图书进出口（集团）有限公司等国内图书进口商是高校图书馆采购外文纸质图书的重要渠道，这些公司能够提供丰富的外文图书资源和专业的服务。

（2）国际出版商和书商：随着全球化的发展，高校也可以直接从国际出版商和书商处采购外文图书，以获取更广泛的图书资源和更灵活的采购方式。

6.2 外文纸质图书采购流程

外文纸质图书采购同样也涉及项目立项管理和采购意向公开，与中文纸质图书类似，外文纸质图书的采购需求管理，可参考某高校外文纸质图书采购需求内容：

某高校2024年外文纸质图书采购技术要求

1. 需执行的国家相关标准、行业标准、地方标准或者其他标准、规范：有强制性标准的执行国家强制性标准，无的统一执行最新相关标准、规范；

2. 需实现的功能或者目标：及时、有效提供采购人2024年所采购的外文纸质图书和相关服务，包括图书出版信息数据提供、订单处理、配送和退换及其他相关服务；

3. 需满足的质量、安全、技术规格、物理特性等要求：

3.1 社会声誉良好，熟悉高校外文图书采访工作；

3.2 同绝大多数外文原版图书出版社有供书合作并保证渠道畅通，保障新书品种的覆盖率和采全率。

3.3 支撑能力

（1）便于采购人访问的网站，及时有效更新各类数据，为采购人提供数据下载和订单处理状态查询；

（2）高素质和相对稳定的工作团队，能在短时间内适应采购人新的服务要求；

（3）有特色服务项目并在实践中已取得良好效果。

3.4 技术服务

（1）供书品种与速度。

①能够提供预订购书、现场购书等不同采购方式和书展服务；

②根据采购人要求提供内容准确完整、格式规范的外文原版图书出版社的全学科新书目录，包括分学科书目、现货书目、专题书目、特色书目等，所提供目录属于采购人指定采购大纲范围、符合浙江工业大学专业即课程设置和读者需求，不得因为供

货折扣原因屏蔽任何图书品种，积极联系出版社尽可能多的获得合作包销图书品种信息。

（2）采访书目数据。

按要求提供征订图书目录，采访书目数据提供标准 USMARC（港台书为 CNMARK）数据，符合采购人编目系统要求（具体数据要求遵循《国际标准书目著录（ISBD）》《CALIS 联机合作编目手册》），内容包含 ISBN 号、正题名、副题名、分辑号、分辑名、丛书项、作者、版本、出版地、出版社、出版年代、价格（包含币制）、页码、装帧、开本、内容简介和读者对象等内容。

（3）订单反馈。

①无条件受理采购人提交的图书订单；

②订单以电子邮件形式发送，在接到订单后一周内进行新单回告，包括大码洋书目确认、不适藏书目确认、重复报订书目确认、审读禁止订单等，由采购人复核审定；

③在订单执行过程中遇到书名和 ISBN 变更、出版时间延后或出版计划取消、丛书或连续出版物复本书不配套、价格涨幅过大（实际书价超出订单报价 15%）等情况及时反馈，与采购人二次确认订单；

④一个月内反馈订单执行情况，包括报订时间和批次、已送货到馆书目、已到库未送货书目、逾期未到书目，未到书目注明原因，如“已采购未到货”“取消出版”“出版社缺货”“不适藏撤销”“审读禁止”等，同一批订单拒订率不得超过 10%；

⑤每 6 个月汇总一次订单反馈情况（内容同上），分析、说明原因，及时向出版社催缺、尽快给予补充。

(4) 配书速度与到馆率。

①现采、现货图书 1 个月内到馆率≥98%，电子订单预订图书前 6 个月到馆率≥90%、全年平均到馆率≥95%，取消出版、延期出版、绝版的文献除外（到馆率 = 实际配货种数/订单种数 × 100%），订购图书超过一年未到货的采购人有权拒收，采购人每 6 个月对中标人的订单执行情况进行评估，若未达到以上要求即可认定中标人不具备向采购人进行供货的能力，采购人可要求终止合同，有权采取相应的补救措施（如转向其他代理商补订图书），由此给采购人造成的各项损失或增加的各项费用（如折扣损失、邮费等）均由中标人承担；

②采购人急需的图书可提供快速采购、快递送货服务。

(5) 配书质量。

①收到订单后若出现订单不匹配，在配书发货前再次确定采购人征订需求；

②完全按照采购人所提供的图书订单进行采购，杜绝提供与馆藏要求不符的品种和数量的图书，采购人有权对已到馆的、但不符合教学科研需要和水平的图书给予无条件退货，退货发生的全部费用由中标人承担，供书发货差错率 <2‰；

③所供图书具有合法来源、渠道正规、保证正版（即未侵犯任何第三方的著作权或其他相关权利），盗版图书必须无条件负责退换并承担相应的法律责任；

④保证所供图书无破损、无污损并能按要求配套，供应有质量问题的图书（如污损、图文不清、错页、漏页、破损、少附件等）及到书与原订购不符或运输途中出现遗失、破损，采购人有权提出调换或退货要求，中标人无条件负责 30 个工作日内免费

退换，对于因采购人原因出现错订的问题图书能积极协助调剂，配合采取撤订、退书、换书等方式减轻采购人的损失；

⑤对采购人选购的外文图书均免费提供USMARC（港台书为CNMARK）格式的编目数据［以《中图法（第五版）》为准，其格式完全符合中国机读目录格式或CALIS格式］，编目数据通过电子邮件比同批次送达的图书提前到馆且覆盖率100%、MARC数据差错率<2‰；

⑥采购人采购的限制阅读类图书在发货时注明并单独装箱、提醒采购人特别处理。

（6）配书加工及送货。

①免费为采购人提供并加贴防盗磁条，磁条型号为16cm 3M B2平装书用磁条，每册图书贴装一根磁条（较厚图书可适当增加磁条），贴装的磁条隐蔽、平整，因磁条质量和贴装问题造成的后果由中标人承担；

②对配书进行防潮湿和防破损包装，发送配书前预先电话通知采购人，得到确认再行送货；

③配送时间有规律、有固定的送货渠道、提供门对门的快速送货服务，由此所发生的任何手续和运输费全部由中标人承担，如不能按要求送达指定收货点的采购人有权拒收。

6.3 外文纸质图书采购存在的问题

外文纸质图书采购目前面临着以下困难：

（1）对采购人员的专业水平要求很高。外文图书采购工作，一是对采购人员的外语水平有一定要求。外文图书包括各种不同的语言，要想采到合适的书籍，采购人员应该具备一定的外语基础，同时对国外图书的出版和发行状况有一定的了解。二是专业要求。外文图书的采购范围包括各门学科，这在一定程度上影响了外文图书的采购工作。

（2）购书经费有限制约了采购数量。众所周知，大部分图书馆的购书经费都是极其有限的，原版外文书籍的价格经汇率折算以后再加上税费，价格相较国内图书高出很多，因此每年采购数量极其有限。

采购方式过于被动不利于图书利用率的提高。图书馆购书除了优化馆藏结构，加强馆藏资源建设，最重要的目的是满足读者的阅读需求。而传统的采购方式是工作人员现场采选或根据书商提供的书单进行挑选，这样的方式往往很被动，容易与读者的需求脱节，不利于图书采购质量和图书利用率的提高。

6.4 优化外文纸质图书采购的建议

（1）提高外文采购人员的专业素养。

原版外文图书的采购人员应该具备图书馆专业知识和一定的外语基础。同时，要加强对“一带一路”国家经济和文化的了解。因为在采购过程中，采购人员在一定程度上是图书采选决策者，他们的采购结果直接关系到馆藏外文书籍的质量，关系到外文图书的馆藏结构是否合理。采购人员应该掌握一定的外文文献分编知识，具备一定的外语技能。除此之外，外文图书采购工作人员既要跟踪原版外文图书的出版动态，又要密切关注和持续记录读者对于外文图书的阅读需求。可建立专门的读者阅读监测档案，持续关注读者的阅读动态和原版书籍的利用及需求情况。

（2）通过媒体和购书平台了解最新的图书信息。

国外很多报纸和杂志都会有图书推荐栏目，其中口碑最好的当属《纽约时报》。它在每周日的报纸上都会有一个专栏叫作 Book Review（书评专栏）。这个专栏在1896年创刊，以“公正无偏”著称于世。该栏目自1942年起制订的“畅销书排行榜”几乎成为业内风向标，这个排行榜一直延续至今，并且保持着一贯的影响力。在《纽约时报》书评专栏中，我们可以看到美国畅销图书的最新动态以及它们的内容简介，更有读者的精彩书评。《纽约时报》书评会在每年年底会发布一份十佳图书排行榜，这些图书代表了美国国内图书的年度最高水准，可以作为采购图书的一个重要参考标准。

（3）网上购书平台的销售排行榜。

目前，网上购书已经成为流行趋势，纸质书电子书一应俱全。在这种形势下，我们可以从国内较有影响力的网络购书平台中找寻有说服力的参考数据，比如京东网上书店原版外文图书的销售排行榜。我们可以通过这个排行榜了解读者的阅读喜好，补充馆藏外文资源。

（4）充分利用需求驱动采购（DDA）。

模式需求驱动采购，英文全称 Demand - Driven Acquisitions，即读者决策采购（Patron Driven Acquisitions，PDA）。它是以用户为主导、赋予用户决策权的文献资源建设和馆藏服务工作模式，也是这几年在美国日渐推广的文献采购模式，从一定程度上来说，它实现了读者对文献采购的决策权。目前，PDA 已成为美国很多公共图书馆采购文献资源的主导模式。

国内最早关于 PDA 的研究，始于 2011 年刊载于《中国图书馆学报》的文章《读者决策的图书馆藏书采购》。国内 PDA 大致有两种形式，一是读者直接通过邮箱、论坛或到馆推荐的方式向图书馆提供所需文献的信息；二是图书馆与原版图书的出版商或是代理商合作，在图书馆举办大型原版书展，邀请读者参与，并根据他们的挑选情况进行现场采买。2014 年 5 月，天津大学图书馆和中国进出口总公司就曾联合举办了这样的原版书展，参展的都是经有关专家和国外出版社推荐，从剑桥大学出版社等众多国际知名出版社中精选出来的最新出版的原版外文图书，读者可以现场参与挑选，再根据推荐情况择优订购。像这样让读者充分参与图书采购决策，能够增加原版外文图书的利用率，有效降低滞架率。

（5）利用外文电子文献弥补原版外文图书采购的不足。

随着新技术的发展和众多数字资源平台的建立，微软公司预测，2030 年 90% 的图书将改为网络版本，传统的纸质读物只占 10% 。

由于电子信息技术的发展，网上电子资源日渐丰富，它们有着纸质期刊所没有的便捷度，也是未来图书馆增加馆藏文献资源的发展方向。

第7章

外文数字资源采购

7.1 我国高校图书馆外文数字资源建设概况

高校图书馆作为学术研究和教学支持的重要机构，其资源建设直接关系到师生科研水平和教学质量。外文数字资源作为高校图书馆资源的重要组成部分，不仅涵盖了国际前沿的科研成果和学术动态，还提供了多元化的学术视角和思维方法，对提升高校师生的国际视野和科研能力具有重要意义。

（1）国高校图书馆外文数字资源建设现状。

①规模不断扩大。近年来，随着各高校对图书馆资源建设的重视和投入的增加，外文数字资源规模不断扩大。许多高校图书馆积极引进国际知名出版商和数据库服务商的外文期刊、图书、会议论文等资源，以满足师生对高质量外文文献的需求。同时，一些高校还通过自建数据库、参与国际合作项目等方式，不断丰富和完善外文数字资源体系。

②种类繁多。我国高校图书馆外文数字资源种类繁多，涵盖自然科学、社会科学、人文科学等多个学科领域。这些资源包括外文期刊、外文图书、学位论文、会议论文、专利文献、标准规范等多种类型。其中，外文期刊是高校图书馆外文数字资源建设的重点之一，许多高校都引进了大量的外文核心期刊和优秀期刊，为师生提供了丰富的学术资源。

③利用率逐步提高。随着高校师生对外文文献需求约增加和图书馆服务水平的提升，外文数字资源的利用率也逐步提高。许

多高校图书馆通过优化检索系统、提供个性化服务、加强用户培训等方式，提高了师生对外文数字资源的认知度和使用能力。同时，图书馆还积极与科研团队和教学部门合作，为师生提供针对性的资源推荐和服务支持。

（2）我国高校图书馆外文数字资源建设面临的挑战。

①采购经费压力大。外文数字资源采购成本高昂，国际知名数据库商每年的订阅费用不断上涨。例如，汤森路透的 Web of Science 数据库，订阅价格逐年递增，给高校图书馆带来沉重经济负担。同时，高校需采购多个不同学科领域、不同类型的数据库来满足师生多样化需求，这进一步加剧了经费紧张局面。而高校整体教育经费有限，在分配时需兼顾教学、科研、师资队伍建设等多方面，投入到图书馆外文数字资源采购的经费增长缓慢，难以跟上资源价格上涨速度，导致部分高校不得不削减部分数据库订阅，影响资源的完整性与师生使用体验。

②资源整合难度高。高校图书馆引进的外文数字资源来自不同供应商，各资源平台的数据格式、检索方式、使用权限设置等存在差异。这使得在整合资源时面临重重困难，难以构建统一、便捷的检索与使用平台。例如，有的数据库采用简单关键词检索，有的则需复杂布尔逻辑检索，师生在切换使用不同数据库时需重新学习检索方法，增加了使用难度。此外，不同数据库的资源更新频率不一致，部分资源重复收录，部分又存在缺失，如何在整合过程中有效梳理重复内容、填补资源空白，实现资源的高效配置与利用，是高校图书馆亟待解决的问题。

③版权问题复杂。在引进外文数字资源时，版权问题极为复杂。不同国家版权法律规定存在差异，国际版权协议也不断更新

变化。高校图书馆需严格遵守版权规定，防止侵权行为，但实际操作中易出现误解和违规风险。比如，部分外文数字资源对馆际互借、资源共享等使用方式有严格限制，高校若未准确理解并执行相关规定，可能面临版权纠纷。同时，随着数字技术发展，资源传播形式多样，如电子文档下载、在线阅读分享等，如何在合法合规前提下，保障师生合理使用外文数字资源，又确保版权所有者权益不受侵害，是高校图书馆在资源建设与管理中面临的一大挑战。

7.2 外文数字资源采购流程

在采购方式上，外文数字资源和中文数字资源相似，均可以采用单一来源采购或集团采购。这里就不一一赘述。下面主要介绍外文数字资源的采购需求管理。

某高校外文数字资源采购需求内容如下：

某高校外文数字资源采购需求

一、为落实政府采购政策需满足的要求：

序号	政策名称	内容
1	政府采购进口产品	不允许采购进口产品
2	政府强制采购节能产品	不适用

续表

序号	政策名称	内容
3	政府优先采购节能、环保产品	不适用
4	政府采购支持科技创新	不适用
5	政府采购促进中小企业发展	提供材料详见招标文件第六章“报价文件” 本项目属性为：货物 采购标的对应的中小企业划分标准所属行业：软件和信息技术服务业。 中小企业划型标准：从业人员300人以下或营业收入10000万元以下的为中小微型企业。其中，从业人员100人及以上，且营业收入1000万元及以上的为中型企业；从业人员10人及以上，且营业收入50万元及以上的为小型企业；从业人员10人以下或营业收入50万元以下的为微型企业
6	政府采购支持监狱企业发展	提供材料详见招标文件第六章“报价文件”
7	政府采购促进残疾人就业	提供材料详见招标文件第六章“报价文件”

二、采购资金的支付方式、时间、条件：

▲付款方式	2024年6月30日前，采购人向中标人支付合同金额的40%。配送图书经采购人验收合格，按实际到货数量和供货价格结算，采购人在合同履行结束前，收到发票的5个工作日内向中标人支付剩余应付款项。 在签订合同时，供应商明确表示无须预付款或者主动要求降低预付款比例的，可降低预付款比例

三、服务要求（技术要求里另有注明的以技术要求为准）：

交付时间	2024 年 1 月 1 日至 2024 年 12 月 31 日
交付地点	采购人指定地点
▲质保期	1 年，项目验收合格后开始计算
服务标准、期限、效率	在质保期内，供应商应对货物出现的质量及安全问题负责处理解决并承担一切费用
验收标准	1. 供应商应按招标文件规定的货物性能、技术要求、质量标准向采购人提供未经使用的全新产品，符合国家法律规定和技术规格、质量标准的出厂原装合格产品。 2. 供应商应保证所提供的货物或其中任何一部分均不会侵犯第三方的知识产权
其他技术、服务要求	1. 验收由采购人负责实施； 2. 验收依据： 2.1 合同、招标文件、投标文件； 2.2 供应商提供的技术规格、经采购人认可的合同货物的有效检验文件； 2.3 供应商投标文件中提供的经采购人认可的合同货物的验收标准（符合中国有关的国家、地方、行业标准）和检测办法及相应检测手段。 3. 供应商应派员在所供货物到采购人处时进行到货验收，有需要时能联系产品制造商到场共同验收，若发现任何损坏及质量问题，供应商负责妥善处理直至采购人满意，由此产生的费用由供应商承担。 4. 验收合格的条件： 4.1 所供货物符合产品标准和合同的要求； 4.2 在进行测试和验收过程中发现的问题已被解决并得到采购人的认可； 4.3 合同中规定的所有货物和材料均已交付； 4.4 所供货物已通过使用单位组织的验收； 4.5 所有相关的技术文件及资料均已提交并得到接受

四、技术要求

需执行的国家相关标准、行业标准、地方标准或者其他标准、规范：如技术要求中未注明需执行的国家相关标准、行业标准、地方标准或者其他标准、规范的，执行最新标准、规范。

1. 基本要求

序号	名称	内容	数量
1	外文电子图书	详见采购需求	1

2. 具体要求

①支持PDF格式电子图书的在线下载。

②电子图书合法正版、无任何知识产权等法律纠纷的出版物，电子图书出版社涵盖Elsevier、Taylor Francis、Wiley、Oxford University Press、World Scientific、The Institution of Engineering and Technology、Scientific. net、Forgotten Books、Boydell & Brewer等出版社。

③采购人对采购的电子图书拥有永久阅读使用权。

④中标人免费提供每种采购电子图书相应的规范、标准的机读编目数据，编目数据使用《中国图书馆分类法（第五版）》及其使用手册准确类分图书，遵循《中国文献编目规则（第二版）》《GBT 33286—2016中国机读书目格式》《calis联机合作编制手册》著录原则，执行采购人相关业务规则规定，数据质量应当符合采购人要求，编目数据覆盖率达100%。

提供的编目数据不得涉及第三方利益，采购人对投标人提供的编目数据拥有使用权和所有权。

⑤中标人提供电子图书品种数须达到采购人电子图书清单品种数的99%以上。

⑥中标人不能缺配采购书目中同一出版社的所有电子图书。

⑦中标人提供的电子图书1本可拥有并发用户数不得低于5个。

⑧质量要求：采购的电子图书需遵循相应纸质图书的原版原貌，图文清晰，文字差错率不高于万分之一。

⑨中标人提供所收图书在内容、研究主题、出版等方面的可视化关系图谱，针对每本书通过大数据分析，为读者提供图书图谱以及关联阅读内容的推荐。

⑩中标人提供多维度外文图书评价指标，含第三方评价指标及平台自主研发或设定的有价值的评价指标。

⑪中标人提供外文电子图书阅读采选平台，并支持开放阅读活动。

⑫在质保期内，当电子图书因本地服务器损坏、病毒攻击、误删等多种因素影响而造成数据丢失的，投标人负责恢复电子图书的数据。

⑬中标人须配合采购人进行履约验收工作，为采购人提供必需的相关资料和文件。

7.3　外文数字资源采购存在的问题

（1）版权问题复杂。

外文数字资源的版权问题一直是困扰高校图书馆的难题之一。由于国际版权法律的复杂性和差异性，高校图书馆在引进和使用外文数字资源时面临着诸多版权风险。如何合法、合规地引进和使用外文数字资源，保障师生的学术自由和权益，是高校图书馆需要认真思考和解决的问题。

（2）资金压力较大。

外文数字资源的价格普遍较高，给高校图书馆的资金投入带来了较大压力。许多高校在资金有限的情况下，难以全面引进所需的外文数字资源。此外，随着出版商定价策略的不断调整和市场环境的变化，高校图书馆在资源采购方面仍面临更大的不确定性和风险。

（3）技术难题待解。

外文数字资源的建设和维护需要较高的技术支持。然而，目前许多高校图书馆在技术方面还存在一定的短板和不足。例如，一些高校图书馆在数字资源的存储、检索、处理等方面存在技术瓶颈和难题；同时，在资源的安全保障和隐私保护方面也面临着诸多挑战。

（4）重复建设现象严重。

由于各高校图书馆在资源建设方面缺乏统一的规划和协调机制，导致外文数字资源重复建设的现象较为严重。这不仅浪费了宝贵的资金和资源，还降低了资源的利用率和效益。因此，如何加强各高校图书馆之间的合作与共享，避免资源的重复建设，是当前亟待解决的问题之一。

7.4 优化外文数字资源采购的建议

（1）明确采购需求与目标定位。

①深入分析用户需求：通过问卷调查、访谈、用户行为数据

分析等方式，深入了解科研人员、学生及教学人员对外文数字资源的具体需求，包括学科领域、资源类型（如期刊、图书、数据库、电子书等）、使用频率及偏好等。

②明确采购目标：基于需求分析，确立采购目标，如提升资源覆盖率与深度、满足特定学科或项目需求、促进学术交流与合作等。同时，考虑资源的性价比，确保采购决策的经济合理性。

（2）建立科学的评估与选择机制。

①多维度评估资源。从资源内容质量、学术影响力、更新频率、用户评价、价格因素等多个维度对候选资源进行综合评价。可借鉴国内外权威评价工具或指标，如SCI、SSCI、EI收录情况以及JCR、Impact Factor等影响力指标。

②试用与反馈。对于新资源，建议进行一段时间的试用，并收集用户的反馈意见。通过试用评估，了解资源的实际使用效果和用户满意度，为最终采购决策提供依据。

（3）推动采购模式创新。

①联合采购与共享。加强与国内外图书馆、研究机构及出版商的合作，通过联合采购、资源共享等方式，降低采购成本，提高资源利用效率。利用区域性或国际性的图书馆联盟，实现资源的集中采购与分散使用。

②按需采购与订阅。根据用户的实际使用情况和需求变化，灵活调整采购策略。对于高需求资源，采取长期订阅方式；对于低需求或新兴领域资源，可采用按需采购模式，减少不必要的开支。

（4）加强采购后的管理与服务。

①资源整合与揭示。将采购的数字资源有效整合到图书馆的

信息服务系统中，提供统一的检索入口和友好的用户界面。加强资源的元数据管理和知识组织，提高资源的可发现性和易用性。

②用户培训与支持。定期举办用户培训活动，帮助用户了解并掌握数字资源的使用方法。提供在线帮助文档、FAQ、在线客服等多种形式的用户支持服务，及时解决用户在使用过程中遇到的问题。

③绩效评估与反馈。建立数字资源采购的绩效评估体系，定期对资源的使用情况进行统计分析，评估采购效果和用户满意度。根据评估结果，及时调整采购策略和服务模式，形成持续改进的良性循环。

（5）关注新技术应用与趋势。

①跟踪技术发展。密切关注数字资源领域的新技术、新应用和新趋势，如人工智能、大数据、区块链等技术在数字资源管理中的应用。积极探索新技术在采购、管理、服务等方面的应用潜力。

②适应开放获取趋势。积极响应和支持开放获取（Open Access）运动，优先采购支持开放获取政策的资源。同时，推动自有资源的开放共享，促进学术成果的广泛传播和利用。

第8章

图书馆采购信息化建设

8.1 政府采购信息化平台研究

8.1.1 发展政府采购全流程电子化的重要意义

发展政府采购全流程电子化，作为数字化转型在公共财政管理领域的深刻实践，其重要意义不仅体现在提升行政效率、降低成本、增强透明度等直接层面，更深远地影响着政府治理体系的现代化进程、市场经济的公平竞争环境以及社会整体的创新发展能力。

（1）提升政府行政效率与服务质量。

①简化流程，加速审批。全流程电子化通过在线平台集成采购需求提交、预算编制、项目审批、公告发布、投标响应、开标评标、合同签订、履约验收及支付结算等各个环节，极大地缩短了传统纸质流程中的时间消耗，提高了审批速度和行政效率。

②信息共享，减少重复劳动。电子化系统能够实现数据的实时共享与同步更新，避免了信息孤岛和重复录入，减轻了工作人员负担，使政府部门能更专注于政策制订和服务优化。

（2）降低采购成本，促进资源优化配置。

①节约成本。电子化采购减少了纸质文件的印刷、邮寄、存储等费用，同时，通过集中采购和竞争机制，能够有效降低商品和服务的采购成本，实现财政资金的最大化利用。

②提高资金使用效率。电子支付系统的应用，加快了资金流转速度，确保了供应商能够及时收到款项，从而促进了市场资金

的良性循环。

（3）增强采购透明度与公正性。

①公开透明。全流程电子化采购要求所有环节均在线进行，并留有可追溯的电子记录，这不仅便于公众监督，也有效遏制了暗箱操作、权力寻租等腐败现象，提升了政府采购的公信力。

②公平竞争。电子化平台为所有符合条件的供应商提供了平等的竞争机会，降低了市场准入门槛，促进了中小企业参与政府采购的积极性，增强了市场活力。

（4）推动政府治理现代化。

①数据驱动决策。电子化采购过程中积累的大量数据，为政府提供了丰富的决策支持资源，通过数据分析和挖掘，可以更加精准地把握市场动态，优化采购政策，提升政府治理的科学性和预见性。

②提升监管效能。电子化系统使监管部门能够实时监控采购活动的全过程，及时发现并纠正违规行为，提高了监管的针对性和有效性。

（5）促进经济社会创新发展。

①技术创新引领。政府采购全流程电子化的实施，需要先进的技术支撑，这直接推动了云计算、大数据、区块链等前沿技术在公共领域的应用与发展，为数字经济的繁荣奠定了坚实基础。

②产业转型升级。电子化采购的普及，促进了信息技术服务、电子商务等相关产业的快速发展，带动了传统产业的数字化转型和升级，为社会经济的高质量发展注入了新动力。

综上所述，发展政府采购全流程电子化是适应新时代政府治理现代化要求的必然选择，对于提升政府效能、优化资源配置、促进公平竞争、推动社会创新发展等方面具有不可估量的重要意义。

8.1.2 政府采购全流程电子化建设内容

政府采购全流程电子化建设内容主要包括以下几个方面：

（1）政策制订与标准规范。

①政策引导。政府应出台相关政策文件，明确推进政府采购全流程电子化的目标、原则、要求和时间表。这些政策文件为电子化建设提供了指导和支持。

②标准制订。制订统一的技术标准和业务规范，确保电子交易平台的兼容性、安全性和可操作性。这些标准应涵盖电子交易流程、数据格式、安全认证、系统接口等方面，为电子化建设提供技术支撑。

（2）电子交易平台建设。

①平台建设。依托云计算、大数据等现代信息技术，建设统一的政府采购电子交易平台。该平台应具备发布采购公告、提供采购文件、在线投标（响应）、资格审查、专家评审、结果确认、合同签订、履约验收等功能，实现政府采购全过程的电子化操作。

②系统集成。实现电子交易平台与财政管理、预算管理、国库支付等系统的互联互通，形成闭环管理。同时，加强与第三方服务机构的合作，如电子认证服务机构、金融机构等，为政府采购提供全方位的支持。

（3）流程电子化改造。

①无纸化交易。取消纸质采购文件、纸质投标（响应）文件

等纸质材料，实现采购全过程的电子化操作。这不仅可以降低交易成本，还可以提高交易效率。

②在线评审。利用电子交易平台进行在线评审，实现评审专家的远程评审和在线打分。通过系统随机抽取评审专家，确保评审的公正性和客观性。同时，评审过程全程留痕，便于后续监管和追溯。

③实时监管。依托电子化手段，对政府采购全过程进行实时监管和预警。通过数据分析、智能识别等技术手段，及时发现并纠正违规行为，保障政府采购的合规性。

（4）安全保障措施。

①数据安全。建立健全数据安全管理制度和技术防护措施，确保政府采购数据的安全性和完整性。采用加密传输、访问控制、备份恢复等技术手段，防止数据泄露和篡改。

②身份认证。采用数字证书、电子签名等身份认证技术，确保交易主体的真实性和合法性。通过实名认证和权限管理，防止非法用户进入系统和进行恶意操作。

（5）培训与推广。

①人员培训。组织政府采购相关人员参加电子交易平台操作培训和业务指导，提高其电子化操作能力和业务水平。同时，加强对供应商的培训和指导，确保其能够熟练使用电子交易平台进行投标和履约。

②宣传推广。通过多种渠道和方式宣传政府采购全流程电子化的意义、作用和优势，提高社会各界的认知度和参与度。通过典型案例和成功经验的分享，激发更多地区和部门推进政府采购全流程电子化的积极性。

8.2 基于大数据分析的智能图书馆采购平台建构研究

（1）当前图书馆馆藏传统采购方式存在的问题。

①目录的缺失。所选书目的范围基本来自图书馆供应商，供应商出于市场利益的考量，不愿意提供所有的书目给每个图书馆。因此图书馆收到目录是缺失的，选书来源是被动的。

②采购工作的单一枯燥。采购馆员一般在 Excel 表格，或者自动化系统中通过筛选来勾选所需要的书目，从几千甚至上万条书目中逐条筛选。因此选书工作枯燥、单一。

③选书工作缺乏科学数据来支持。采购馆员一般依靠本人的采购经验以及对于本馆馆藏情况的了解来采选书目，但是对于新书本身的质量，并没有合理的评价模型使得选书过程定量化。

因此，搭建一个基于数据驱动的智能采选平台，有助于收集完整的待续选书目，提升采购的科学性，提高采选工作的效率。

（2）解决方法。

应构建纸电一体化智能采选平台，采用人工智能技术，模仿人类思维方式，在分析每个读者内在知识需求特征的基础上，根据图书内容以及读者与图书馆互动数据，调用馆藏数据、历次采购、联合采购等数据，采用文献计量学方法，通过人工智能不断训练和学习，逐渐形成与人类认知接近的馆藏等级、采购偏好、图书评价数据。在此基础上，通过科学决策工具，取得最优化的图书采购效果。具体应包含以下功能模块：

①中央书目库。作为中立的选书平台，纸电一体化智能采选平台建设了庞大的书目中心，旨在为图书馆提供全网书目的采选。通过与380多家出版社、图书供应商等的合作，中央书目库保持每日持续的书目更新，可提供数百万条书目数据，并实时展示中央书目库数据，用户可以查看、检索、选书，成为图书馆全面、及时、可靠的资源建设来源。

②图书采选。

第一，生成本馆特有征订目录。平台支持为每个图书馆制订本馆特有采选策略，通过适用范围、学科分类、馆藏等级等多个条件限定，并结合院校的专业特色和中图法的分类规则进行细分筛选，可以设置细分到三级，实现迅速筛选出符合学科发展、馆藏建设目标的优质待选书目，形成多个自定义名称与内容的征订目录，并指定采购人进行书目采选。

第二，征订目录管理。平台对于待采选的书目进行分批管理，并提供两种生成征订目录的方式。一方面，提供入口，供本馆导入馆配、出版社等提供的征订目录文件。另一方面，支持从平台选择公司提供的书目形成征订目录，同时，征订目录可以按照出版时间来生成。在选择征订目录时，可以提供参考书目来源，帮助匹配馆配到货。

第三，基于文献计量学的智能选书。平台根据文献计量学方法，利用积累的10亿条元数据，为新书评价搭建模型，得出了评价结果。用户选书时可以获得深度挖掘的多维度辅助决策信息，包括新书作者的学术影响力、读者的检索借阅倾向、读者荐购信息等，并不断完善的图书评价体系，帮助筛选出优质好书。

第四，参考馆采选。平台基于超过1000家的使用用户，为用户搭建“参考馆联盟”，用户可以自行选择是否加入联盟。在参考馆联盟圈的用户，可以查看具体书目在全网、在参考馆中的采购状况。参考同类型图书馆或具有类似学科发展的图书馆可以辅助用户形成资源采购决策。

第五，查重过滤。平台对于用户提交的征订目录（支持多种文件格式，如Word，XLS等），进行多道查重。首先，用户提交的书目数据可与本馆馆藏数据进行查重。其次，平台对于单机构下生成的所有征订目录之间进行查重。最后，平台对于单机构下生成的征订目录，可以与该机构已形成的订单进行查重，并对查重结果的馆藏、订购情况作标记区分。

第六，订单管理。采购主管角色对采购平台的用户在使用权限上有层次区分。采购主管角色可以对采购馆员角色的订单进行审核，并直接修改、删除书目以及修改订购数（复本数），修改的订单信息会同步至原始订单。

平台支持对全部采选情况形成分析报告。采购主管可以查看所有总订单（本期征订总订单和往期征订总订单）。订单显示字段包括订单号、订单提交时间、订单状态，并可以导出订单进行发定。

此外，平台提供针对具体订单形成的分析报告，能够帮助本馆了解参考馆的选书情况，同时新增参考馆及平台推荐订购的优质书目。

③专题选书（可以支持各种热销排行榜选书功能）。针对特藏建设与主题采选，公司纸电一体化智能采选平台重构了书目数据信息，形成了多个资源专题。基于资源专题，帮助图书馆迅速

定位到所需要的主题资源，并保持持续的书单更新与运营，图书馆可以实现“一键采选”。通过专题选书的方式，帮助图书馆提高采选效率，聚焦主题资源，优化馆藏建设。

④读者荐购。图书馆不断进行数字资源的信息化建设，积累了大量的图书信息和读者阅读记录，其中蕴含的大数据已成为一种重要的信息资源。读者荐购支持设置读者荐购的书目范围，并进行增删改查多种操作。在读者端，可以实现在采购馆员设置的书目范围内荐购以及自由提交荐购书目等多种荐购方式。读者可以在 PC 端、移动端、借阅机端等多种渠道随时随地进行荐购。采购馆员可以在平台接收读者荐购的具体书目，并且反馈读者是否订购等详情，与荐购读者实现线上沟通，妥善处理荐购需求。

⑤采选工作报告。基于全线上的资源建设工作流程，智能采选平台支持为各图书馆形成本馆独有的采选工作报告。通过对时间、采访人、征订目录、订单等多维度的分析，可以帮助本馆分析资源建设工作的成果分布、工作量统计等。同时支持形成季度、年度采选工作书面报告，并可导出形成编辑文档。

（3）构建的智慧选书平台应当具备以下优势和功能。

①平台中立。纸电一体化平台旨在构建图书馆与出版社之间的电商平台。平台不销售纸质书，而是提供尽可能全面的新书目录，帮助图书馆打破传统采访过程中采选书目极为有限所束缚的困局。

纸电一体化智能采选平台目前已经与超过 380 家出版社开展合作，能够从出版社获取第一手新书书目，辅以国家版本图书馆 ISB 审批中心的 CIP 数据，可以提供给各馆较全、较新的书目。

②智能选书。一方面，在庞大的元数据与书目全文的积累之上，采用文献计量学方法，通过对每条新书目中，作者学术影响力、出版权威程度、作者借阅倾向等多维度的综合分析，建立新书评价模型，帮助用户判断待选书目的价值水平。另一方面，可对接本馆馆藏、重点学科建设以形成动态评价体系，通过详尽的辅助决策信息帮助用户提高采购工作的效率，提升采选书目的质量。

③用户行为。整合读者服务端的多个产品入口，将读者的馆藏检索、浏览、借阅等馆藏利用行为纳入馆藏评价体系中，支持本馆采选更加具有读者倾向性的书目，提高馆藏建设的针对性，有效提升馆藏利用率。

④无缝查重。在与本馆的业务管理系统全馆馆藏对接的基础之上，平台可以与本馆业务管理系统无缝对接，为采选工作提供实时、精准查重的支持。在本馆暂未提供业务管理系统馆藏数据库接口的情况下，运用公司移动图书馆、公司图书馆管理系统在高校高达96%占比的优势，与本馆流通馆藏进行查重，帮助本馆在一定程度上提高采购工作效率。

⑤特色馆藏。平台基于超过800万书目馆藏，对其中研究著作集、研究书目集、人物传记、参考工具书进行全文解析，并对新书进行关联标识，帮助各馆根据本馆情况补全特色馆藏建设。

附　录

1. 《中华人民共和国政府采购法》
2. 《中华人民共和国政府采购法实施条例》
3. 《中华人民共和国招标投标法》
4. 《中华人民共和国招标投标法实施条例》

中华人民共和国政府采购法（2014年修订）

（2002年6月29日全国人民代表大会常务委员会第二十八次会议通过，根据2014年8月31日第十二届全国人民代表大会常务委员会《关于修改〈中华人民共和国保险法〉等五部法律的决定》修正）

第一章 总 则

第一条 为了规范政府采购行为，提高政府采购资金的使用效益，维护国家利益和社会公共利益，保护政府采购当事人的合法权益，促进廉政建设，制订本法。

第二条 在中华人民共和国境内进行的政府采购适用本法。

本法所称政府采购，是指各级国家机关、事业单位和团体组织，使用财政性资金采购依法制订的集中采购目录以内的或者采购限额标准以上的货物、工程和服务的行为。

政府集中采购目录和采购限额标准依照本法规定的权限制订。

本法所称采购，是指以合同方式有偿取得货物、工程和服务的行为，包括购买、租赁、委托、雇用等。

本法所称货物，是指各种形态和种类的物品，包括原材料、燃料、设备、产品等。

本法所称工程，是指建设工程，包括建筑物和构筑物的新建、改建、扩建、装修、拆除、修缮等。

本法所称服务，是指除货物和工程以外的其他政府采购对象。

第三条 政府采购应当遵循公开透明原则、公平竞争原则、公正原则和诚实信用原则。

第四条 政府采购工程进行招标投标的，适用招标投标法。

第五条 任何单位和个人不得采用任何方式，阻挠和限制供应商自由进入本地区和本行业的政府采购市场。

第六条 政府采购应当严格按照批准的预算执行。

第七条 政府采购实行集中采购和分散采购相结合。集中采购的范围由省级以上人民政府公布的集中采购目录确定。

属于中央预算的政府采购项目，其集中采购目录由国务院确定并公布；属于地方预算的政府采购项目，其集中采购目录由省、自治区、直辖市人民政府或者其授权的机构确定并公布。

纳入集中采购目录的政府采购项目，应当实行集中采购。

第八条 政府采购限额标准，属于中央预算的政府采购项目，由国务院确定并公布；属于地方预算的政府采购项目，由省、自治区、直辖市人民政府或者其授权的机构确定并公布。

第九条 政府采购应当有助于实现国家的经济和社会发展政策目标，包括保护环境，扶持不发达地区和少数民族地区，促进中小企业发展等。

第十条 政府采购应当采购本国货物、工程和服务。但有下列情形之一的除外：

（一）需要采购的货物、工程或者服务在中国境内无法获取或者无法以合理的商业条件获取的；

（二）为在中国境外使用而进行采购的；

（三）其他法律、行政法规另有规定的。

前款所称本国货物、工程和服务的界定，依照国务院有关规定执行。

第十一条 政府采购的信息应当在政府采购监督管理部门指定的媒体上及时向社会公开发布，但涉及商业秘密的除外。

第十二条 在政府采购活动中，采购人员及相关人员与供应商有利害关系的，必须回避。供应商认为采购人员及相关人员与其他供应商有利害关系的，可以申请其回避。

前款所称相关人员，包括招标采购中评标委员会的组成人员，竞争性谈判采购中谈判小组的组成人员，询价采购中询价小组的组成人员等。

第十三条 各级人民政府财政部门是负责政府采购监督管理的部门，依法履行对政府采购活动的监督管理职责。

各级人民政府其他有关部门依法履行与政府采购活动有关的监督管理职责。

第二章　政府采购当事人

第十四条 政府采购当事人是指在政府采购活动中享有权利和承担义务的各类主体，包括采购人、供应商和采购代理机构等。

第十五条 采购人是指依法进行政府采购的国家机关、事业单位、团体组织。

第十六条 集中采购机构为采购代理机构。设区的市、自治州以上人民政府根据本级政府采购项目组织集中采购的需要设立集中采购机构。

集中采购机构是非营利事业法人，根据采购人的委托办理采购事宜。

第十七条 集中采购机构进行政府采购活动，应当符合采购价格低于市场平均价格、采购效率更高、采购质量优良和服务良好的要求。

第十八条 采购人采购纳入集中采购目录的政府采购项目，必须委托集中采购机构代理采购；采购未纳入集中采购目录的政府采购项目，可以自行采购，也可以委托集中采购机构在委托的范围内代理采购。

纳入集中采购目录属于通用的政府采购项目的，应当委托集中采购机构代理采购；属于本部门、本系统有特殊要求的项目，应当实行部门集中采购；

属于本单位有特殊要求的项目，经省级以上人民政府批准，可以自行采购。

第十九条 采购人可以委托集中采购机构以外的采购代理机构，在委托的范围内办理政府采购事宜。

采购人有权自行选择采购代理机构，任何单位和个人不得以任何方式为采购人指定采购代理机构。

第二十条 采购人依法委托采购代理机构办理采购事宜的，应当由采购人与采购代理机构签订委托代理协议，依法确定委托代理的事项，约定双方的权利义务。

第二十一条 供应商是指向采购人提供货物、工程或者服务的法人、其他组织或者自然人。

第二十二条 供应商参加政府采购活动应当具备下列条件：

（一）具有独立承担民事责任的能力；

（二）具有良好的商业信誉和健全的财务会计制度；

（三）具有履行合同所必需的设备和专业技术能力；

（四）有依法缴纳税收和社会保障资金的良好记录；

（五）参加政府采购活动前三年内，在经营活动中没有重大违法记录；

（六）法律、行政法规规定的其他条件。

采购人可以根据采购项目的特殊要求，规定供应商的特定条件，但不得以不合理的条件对供应商实行差别待遇或者歧视待遇。

第二十三条 采购人可以要求参加政府采购的供应商提供有关资质证明文件和业绩情况，并根据本法规定的供应商条件和采购项目对供应商的特定要求，对供应商的资格进行审查。

第二十四条 两个以上的自然人、法人或者其他组织可以组成一个联合体，以一个供应商的身份共同参加政府采购。

以联合体形式进行政府采购的，参加联合体的供应商均应当具备本法第二十二条规定的条件，并应当向采购人提交联合协议，载明联合体各方承担的工作和义务。联合体各方应当共同与采购人签订采购合同，就采购合同约定的事项对采购人承担连带责任。

第二十五条 政府采购当事人不得相互串通损害国家利益、社会公共利益和其他当事人的合法权益；不得以任何手段排斥其他供应商参与竞争。

供应商不得以向采购人、采购代理机构、评标委员会的组成人员、竞争性谈判小组的组成人员、询价小组的组成人员行贿或者采取其他不正当手段谋取中标或者成交。

采购代理机构不得以向采购人行贿或者采取其他不正当手段谋取非法利益。

第三章　政府采购方式

第二十六条　政府采购采用以下方式：

（一）公开招标；

（二）邀请招标；

（三）竞争性谈判；

（四）单一来源采购；

（五）询价；

（六）国务院政府采购监督管理部门认定的其他采购方式。

公开招标应作为政府采购的主要采购方式。

第二十七条　采购人采购货物或者服务应当采用公开招标方式的，其具体数额标准，属于中央预算的政府采购项目，由国务院规定；属于地方预算的政府采购项目，由省、自治区、直辖市人民政府规定；因特殊情况需要采用公开招标以外的采购方式的，应当在采购活动开始前获得设区的市、自治州以上人民政府采购监督管理部门的批准。

第二十八条　采购人不得将应当以公开招标方式采购的货物或者服务化整为零或者以其他任何方式规避公开招标采购。

第二十九条　符合下列情形之一的货物或者服务，可以依照本法采用邀请招标方式采购：

（一）具有特殊性，只能从有限范围的供应商处采购的；

（二）采用公开招标方式的费用占政府采购项目总价值的比例过大的。

第三十条 符合下列情形之一的货物或者服务，可以依照本法采用竞争性谈判方式采购：

（一）招标后没有供应商投标或者没有合格标的或者重新招标未能成立的；

（二）技术复杂或者性质特殊，不能确定详细规格或者具体要求的；

（三）采用招标所需时间不能满足用户紧急需要的；

（四）不能事先计算出价格总额的。

第三十一条 符合下列情形之一的货物或者服务，可以依照本法采用单一来源方式采购：

（一）只能从唯一供应商处采购的；

（二）发生了不可预见的紧急情况不能从其他供应商处采购的；

（三）必须保证原有采购项目一致性或者服务配套的要求，需要继续从原供应商处添购，且添购资金总额不超过原合同采购金额百分之十的。

第三十二条 采购的货物规格、标准统一、现货货源充足且价格变化幅度小的政府采购项目，可以依照本法采用询价方式采购。

第四章 政府采购程序

第三十三条 负有编制部门预算职责的部门在编制下一财政

年度部门预算时，应当将该财政年度政府采购的项目及资金预算列出，报本级财政部门汇总。部门预算的审批，按预算管理权限和程序进行。

第三十四条　货物或者服务项目采取邀请招标方式采购的，采购人应当从符合相应资格条件的供应商中，通过随机方式选择三家以上的供应商，并向其发出投标邀请书。

第三十五条　货物和服务项目实行招标方式采购的，自招标文件开始发出之日起至投标人提交投标文件截止之日止，不得少于二十日。

第三十六条　在招标采购中，出现下列情形之一的，应予废标：

（一）符合专业条件的供应商或者对招标文件作实质响应的供应商不足三家的；

（二）出现影响采购公正的违法、违规行为的；

（三）投标人的报价均超过了采购预算，采购人不能支付的；

（四）因重大变故，采购任务取消的。

废标后，采购人应当将废标理由通知所有投标人。

第三十七条　废标后，除采购任务取消情形外，应当重新组织招标；需要采取其他方式采购的，应当在采购活动开始前获得设区的市、自治州以上人民政府采购监督管理部门或者政府有关部门批准。

第三十八条　采用竞争性谈判方式采购的，应当遵循下列程序：

（一）成立谈判小组。谈判小组由采购人的代表和有关专家共三人以上的单数组成，其中专家的人数不得少于成员总数的三分之二。

（二）制订谈判文件。谈判文件应当明确谈判程序、谈判内容、合同草案的条款以及评定成交的标准等事项。

（三）确定邀请参加谈判的供应商名单。谈判小组从符合相应资格条件的供应商名单中确定不少于三家的供应商参加谈判，并向其提供谈判文件。

（四）谈判。谈判小组所有成员集中与单一供应商分别进行谈判。在谈判中，谈判的任何一方不得透露与谈判有关的其他供应商的技术资料、价格和其他信息。谈判文件有实质性变动的，谈判小组应当以书面形式通知所有参加谈判的供应商。

（五）确定成交供应商。谈判结束后，谈判小组应当要求所有参加谈判的供应商在规定时间内进行最后报价，采购人从谈判小组提出的成交候选人中根据符合采购需求、质量和服务相等且报价最低的原则确定成交供应商，并将结果通知所有参加谈判的未成交的供应商。

第三十九条 采取单一来源方式采购的，采购人与供应商应当遵循本法规定的原则，在保证采购项目质量和双方商定合理价格的基础上进行采购。

第四十条 采取询价方式采购的，应当遵循下列程序：

（一）成立询价小组。询价小组由采购人的代表和有关专家共三人以上的单数组成，其中专家的人数不得少于成员总数的三分之二。询价小组应当对采购项目的价格构成和评定成交的标准等事项作出规定。

（二）确定被询价的供应商名单。询价小组根据采购需求，从符合相应资格条件的供应商名单中确定不少于三家的供应商，并向其发出询价通知书让其报价。

（三）询价。询价小组要求被询价的供应商一次报出不得更改的价格。

（四）确定成交供应商。采购人根据符合采购需求、质量和服务相等且报价最低的原则确定成交供应商，并将结果通知所有被询价的未成交的供应商。

第四十一条 采购人或者其委托的采购代理机构应当组织对供应商履约的验收。大型或者复杂的政府采购项目，应当邀请国家认可的质量检测机构参加验收工作。验收方成员应当在验收书上签字，并承担相应的法律责任。

第四十二条 采购人、采购代理机构对政府采购项目每项采购活动的采购文件应当妥善保存，不得伪造、变造、隐匿或者销毁。采购文件的保存期限为从采购结束之日起至少保存十五年。

采购文件包括采购活动记录、采购预算、招标文件、投标文件、评标标准、评估报告、定标文件、合同文本、验收证明、质疑答复、投诉处理决定及其他有关文件、资料。

采购活动记录至少应当包括下列内容：

（一）采购项目类别、名称；

（二）采购项目预算、资金构成和合同价格；

（三）采购方式，采用公开招标以外的采购方式的，应当载明原因；

（四）邀请和选择供应商的条件及原因；

（五）评标标准及确定中标人的原因；

（六）废标的原因；

（七）采用招标以外采购方式的相应记载。

第五章　政府采购合同

第四十三条　政府采购合同适用合同法。采购人和供应商之间的权利和义务，应当按照平等、自愿的原则以合同方式约定。

采购人可以委托采购代理机构代表其与供应商签订政府采购合同。由采购代理机构以采购人名义签订合同的，应当提交采购人的授权委托书，作为合同附件。

第四十四条　政府采购合同应当采用书面形式。

第四十五条　国务院政府采购监督管理部门应当会同国务院有关部门，规定政府采购合同必须具备的条款。

第四十六条　采购人与中标、成交供应商应当在中标、成交通知书发出之日起三十日内，按照采购文件确定的事项签订政府采购合同。

中标、成交通知书对采购人和中标、成交供应商均具有法律效力。中标、成交通知书发出后，采购人改变中标、成交结果的，或者中标、成交供应商放弃中标、成交项目的，应当依法承担法律责任。

第四十七条　政府采购项目的采购合同自签订之日起七个工作日内，采购人应当将合同副本报同级政府采购监督管理部门和有关部门备案。

第四十八条　经采购人同意，中标、成交供应商可以依法采取分包方式履行合同。

政府采购合同分包履行的，中标、成交供应商就采购项目和分包项目向采购人负责，分包供应商就分包项目承担责任。

第四十九条 政府采购合同履行中，采购人需追加与合同标的相同的货物、工程或者服务的，在不改变合同其他条款的前提下，可以与供应商协商签订补充合同，但所有补充合同的采购金额不得超过原合同采购金额的百分之十。

第五十条 政府采购合同的双方当事人不得擅自变更、中止或者终止合同。

政府采购合同继续履行将损害国家利益和社会公共利益的，双方当事人应当变更、中止或者终止合同。有过错的一方应当承担赔偿责任，双方都有过错的，各自承担相应的责任。

第六章 质疑与投诉

第五十一条 供应商对政府采购活动事项有疑问的，可以向采购人提出询问，采购人应当及时作出答复，但答复的内容不得涉及商业秘密。

第五十二条 供应商认为采购文件、采购过程和中标、成交结果使自己的权益受到损害的，可以在知道或者应知其权益受到损害之日起七个工作日内，以书面形式向采购人提出质疑。

第五十三条 采购人应当在收到供应商的书面质疑后七个工作日内作出答复，并以书面形式通知质疑供应商和其他有关供应商，但答复的内容不得涉及商业秘密。

第五十四条 采购人委托采购代理机构采购的，供应商可以向采购代理机构提出询问或者质疑，采购代理机构应当依照本法第五十一条、第五十三条的规定就采购人委托授权范围内的事项作出答复。

第五十五条 质疑供应商对采购人、采购代理机构的答复不满意或者采购人、采购代理机构未在规定的时间内作出答复的，可以在答复期满后十五个工作日内向同级政府采购监督管理部门投诉。

第五十六条 政府采购监督管理部门应当在收到投诉后三十个工作日内，对投诉事项作出处理决定，并以书面形式通知投诉人和与投诉事项有关的当事人。

第五十七条 政府采购监督管理部门在处理投诉事项期间，可以视具体情况书面通知采购人暂停采购活动，但暂停时间最长不得超过三十日。

第五十八条 投诉人对政府采购监督管理部门的投诉处理决定不服或者政府采购监督管理部门逾期未作处理的，可以依法申请行政复议或者向人民法院提起行政诉讼。

第七章 监督检查

第五十九条 政府采购监督管理部门应当加强对政府采购活动及集中采购机构的监督检查。

监督检查的主要内容是：

（一）有关政府采购的法律、行政法规和规章的执行情况；

（二）采购范围、采购方式和采购程序的执行情况；

（三）政府采购人员的职业素质和专业技能。

第六十条 政府采购监督管理部门不得设置集中采购机构，不得参与政府采购项目的采购活动。

采购代理机构与行政机关不得存在隶属关系或者其他利益

关系。

第六十一条 集中采购机构应当建立健全内部监督管理制度。采购活动的决策和执行程序应当明确，并相互监督、相互制约。经办采购的人员与负责采购合同审核、验收人员的职责权限应当明确，并相互分离。

第六十二条 集中采购机构的采购人员应当具有相关职业素质和专业技能，符合政府采购监督管理部门规定的专业岗位任职要求。

集中采购机构对其工作人员应当加强教育和培训；对采购人员的专业水平、工作实绩和职业道德状况定期进行考核。采购人员经考核不合格的，不得继续任职。

第六十三条 政府采购项目的采购标准应当公开。

采用本法规定的采购方式的，采购人在采购活动完成后，应当将采购结果予以公布。

第六十四条 采购人必须按照本法规定的采购方式和采购程序进行采购。

任何单位和个人不得违反本法规定，要求采购人或者采购工作人员向其指定的供应商进行采购。

第六十五条 政府采购监督管理部门应当对政府采购项目的采购活动进行检查，政府采购当事人应当如实反映情况，提供有关材料。

第六十六条 政府采购监督管理部门应当对集中采购机构的采购价格、节约资金效果、服务质量、信誉状况、有无违法行为等事项进行考核，并定期如实公布考核结果。

第六十七条 依照法律、行政法规的规定对政府采购负有行政监督职责的政府有关部门，应当按照其职责分工，加强对政府采购活动的监督。

第六十八条 审计机关应当对政府采购进行审计监督。政府采购监督管理部门、政府采购各当事人有关政府采购活动，应当接受审计机关的审计监督。

第六十九条 监察机关应当加强对参与政府采购活动的国家机关、国家公务员和国家行政机关任命的其他人员实施监察。

第七十条 任何单位和个人对政府采购活动中的违法行为，有权控告和检举，有关部门、机关应当依照各自职责及时处理。

第八章 法律责任

第七十一条 采购人、采购代理机构有下列情形之一的，责令限期改正，给予警告，可以并处罚款，对直接负责的主管人员和其他直接责任人员，由其行政主管部门或者有关机关给予处分，并予通报：

（一）应当采用公开招标方式而擅自采用其他方式采购的；

（二）擅自提高采购标准的；

（三）以不合理的条件对供应商实行差别待遇或者歧视待遇的；

（四）在招标采购过程中与投标人进行协商谈判的；

（五）中标、成交通知书发出后不与中标、成交供应商签订采购合同的；

（六）拒绝有关部门依法实施监督检查的。

第七十二条 采购人、采购代理机构及其工作人员有下列情形之一，构成犯罪的，依法追究刑事责任；尚不构成犯罪的，处以罚款，有违法所得的，并处没收违法所得，属于国家机关工作人员的，依法给予行政处分：

（一）与供应商或者采购代理机构恶意串通的；

（二）在采购过程中接受贿赂或者获取其他不正当利益的；

（三）在有关部门依法实施的监督检查中提供虚假情况的；

（四）开标前泄露标底的。

第七十三条 有前两条违法行为之一影响中标、成交结果或者可能影响中标、成交结果的，按下列情况分别处理：

（一）未确定中标、成交供应商的，终止采购活动；

（二）中标、成交供应商已经确定但采购合同尚未履行的，撤销合同，从合格的中标、成交候选人中另行确定中标、成交供应商；

（三）采购合同已经履行的，给采购人、供应商造成损失的，由责任人承担赔偿责任。

第七十四条 采购人对应当实行集中采购的政府采购项目，不委托集中采购机构实行集中采购的，由政府采购监督管理部门责令改正；拒不改正的，停止按预算向其支付资金，由其上级行政主管部门或者有关机关依法给予其直接负责的主管人员和其他直接责任人员处分。

第七十五条 采购人未依法公布政府采购项目的采购标准和采购结果的，责令改正，对直接负责的主管人员依法给予处分。

第七十六条 采购人、采购代理机构违反本法规定隐匿、销毁应当保存的采购文件或者伪造、变造采购文件的，由政府采购监督管理部门处以二万元以上十万元以下的罚款，对其直接负责的主管人员和其他直接责任人员依法给予处分；构成犯罪的，依法追究刑事责任。

第七十七条 供应商有下列情形之一的，处以采购金额千分之五以上千分之十以下的罚款，列入不良行为记录名单，在一年至三年内禁止参加政府采购活动，有违法所得的，并处没收违法所得，情节严重的，由工商行政管理机关吊销营业执照；构成犯罪的，依法追究刑事责任：

（一）提供虚假材料谋取中标、成交的；

（二）采取不正当手段诋毁、排挤其他供应商的；

（三）与采购人、其他供应商或者采购代理机构恶意串通的；

（四）向采购人、采购代理机构行贿或者提供其他不正当利益的；

（五）在招标采购过程中与采购人进行协商谈判的；

（六）拒绝有关部门监督检查或者提供虚假情况的。

供应商有前款第（一）项至第（五）项情形之一的，中标、成交无效。

第七十八条 采购代理机构在代理政府采购业务中有违法行为的，按照有关法律规定处以罚款，可以在一年至三年内禁止其代理政府采购业务，构成犯罪的，依法追究刑事责任。

第七十九条 政府采购当事人有本法第七十一条、第七十二条、第七十七条违法行为之一，给他人造成损失的，并应依照有关民事法律规定承担民事责任。

第八十条 政府采购监督管理部门的工作人员在实施监督检查中违反本法规定滥用职权，玩忽职守，徇私舞弊的，依法给予行政处分；构成犯罪的，依法追究刑事责任。

第八十一条 政府采购监督管理部门对供应商的投诉逾期未作处理的，给予直接负责的主管人员和其他直接责任人员行政处分。

第八十二条 政府采购监督管理部门对集中采购机构业绩的考核，有虚假陈述，隐瞒真实情况的，或者不作定期考核和公布考核结果的，应当及时纠正，由其上级机关或者监察机关对其负责人进行通报，并对直接负责的人员依法给予行政处分。

集中采购机构在政府采购监督管理部门考核中，虚报业绩，隐瞒真实情况的，处以二万元以二十万元以下的罚款，并予以通报；情节严重的，取消其代理采购的资格。

第八十三条 任何单位或者个人阻挠和限制供应商进入本地区或者本行业政府采购市场的，责令限期改正；拒不改正的，由该单位、个人的上级行政主管部门或者有关机关给予单位责任人或者个人处分。

第九章 附 则

第八十四条 使用国际组织和外国政府贷款进行的政府采购，贷款方、资金提供方与中方达成的协议对采购的具体条件另有规定的，可以适用其规定，但不得损害国家利益和社会公共利益。

第八十五条 对因严重自然灾害和其他不可抗力事件所实施的紧急采购和涉及国家安全和秘密的采购，不适用本法。

第八十六条 军事采购法规由中央军事委员会另行制订。

第八十七条 本法实施的具体步骤和办法由国务院规定。

第八十八条 本法自 2003 年 1 月 1 日起施行。

中华人民共和国国务院令

第658号

《中华人民共和国政府采购法实施条例》已经2014年12月31日国务院第75次常务会议通过，现予公布，自2015年3月1日起施行。

总　理　李克强

2015年1月30日

中华人民共和国政府采购法实施条例

第一章　总　则

第一条　根据《中华人民共和国政府采购法》（以下简称《政府采购法》），制订本条例。

第二条　《政府采购法》第二条所称财政性资金是指纳入预算管理的资金。

以财政性资金作为还款来源的借贷资金，视同财政性资金。

国家机关、事业单位和团体组织的采购项目既使用财政性资金又使用非财政性资金的，使用财政性资金采购的部分，适用政府采购法及本条例；财政性资金与非财政性资金无法分割采购的，统一适用政府采购法及本条例。

政府采购法第二条所称服务，包括政府自身需要的服务和政府向社会公众提供的公共服务。

第三条 集中采购目录包括集中采购机构采购项目和部门集中采购项目。

技术、服务等标准统一，采购人普遍使用的项目，列为集中采购机构采购项目；采购人本部门、本系统基于业务需要有特殊要求，可以统一采购的项目，列为部门集中采购项目。

第四条 政府采购法所称集中采购，是指采购人将列入集中采购目录的项目委托集中采购机构代理采购或者进行部门集中采购的行为；所称分散采购，是指采购人将采购限额标准以上的未列入集中采购目录的项目自行采购或者委托采购代理机构代理采购的行为。

第五条 省、自治区、直辖市人民政府或者其授权的机构根据实际情况，可以确定分别适用于本行政区域省级、设区的市级、县级的集中采购目录和采购限额标准。

第六条 国务院财政部门应当根据国家的经济和社会发展政策，会同国务院有关部门制订政府采购政策，通过制订采购需求标准、预留采购份额、价格评审优惠、优先采购等措施，实现节约能源、保护环境、扶持不发达地区和少数民族地区、促进中小企业发展等目标。

第七条 政府采购工程以及与工程建设有关的货物、服务，采用招标方式采购的，适用《中华人民共和国招标投标法》及其实施条例；采用其他方式采购的，适用政府采购法及本条例。

前款所称工程，是指建设工程，包括建筑物和构筑物的新建、改建、扩建及其相关的装修、拆除、修缮等；所称与工程建设有关的货物，是指构成工程不可分割的组成部分，且为实现工程基本功能所必需的设备、材料等；所称与工程建设有关的服务，是指为完成工程所需的勘察、设计、监理等服务。

政府采购工程以及与工程建设有关的货物、服务，应当执行政府采购政策。

第八条 政府采购项目信息应当在省级以上人民政府财政部门指定的媒体上发布。采购项目预算金额达到国务院财政部门规定标准的，政府采购项目信息应当在国务院财政部门指定的媒体上发布。

第九条 在政府采购活动中，采购人员及相关人员与供应商有下列利害关系之一的，应当回避：

（一）参加采购活动前 3 年内与供应商存在劳动关系；

（二）参加采购活动前 3 年内担任供应商的董事、监事；

（三）参加采购活动前 3 年内是供应商的控股股东或者实际控制人；

（四）与供应商的法定代表人或者负责人有夫妻、直系血亲、三代以内旁系血亲或者近姻亲关系；

（五）与供应商有其他可能影响政府采购活动公平、公正进行的关系。

供应商认为采购人员及相关人员与其他供应商有利害关系的，可以向采购人或者采购代理机构书面提出回避申请，并说明理由。采购人或者采购代理机构应当及时询问被申请回避人员，有利害关系的被申请回避人员应当回避。

第十条 国家实行统一的政府采购电子交易平台建设标准，推动利用信息网络进行电子化政府采购活动。

第二章　政府采购当事人

第十一条　采购人在政府采购活动中应当维护国家利益和社会公共利益，公正廉洁，诚实守信，执行政府采购政策，建立政府采购内部管理制度，厉行节约，科学合理确定采购需求。

采购人不得向供应商索要或者接受其给予的赠品、回扣或者与采购无关的其他商品、服务。

第十二条　政府采购法所称采购代理机构，是指集中采购机构和集中采购机构以外的采购代理机构。

集中采购机构是设区的市级以上人民政府依法设立的非营利事业法人，是代理集中采购项目的执行机构。集中采购机构应当根据采购人委托制订集中采购项目的实施方案，明确采购规程，组织政府采购活动，不得将集中采购项目转委托。集中采购机构以外的采购代理机构，是从事采购代理业务的社会中介机构。

第十三条　采购代理机构应当建立完善的政府采购内部监督管理制度，具备开展政府采购业务所需的评审条件和设施。

采购代理机构应当提高确定采购需求，编制招标文件、谈判文件、询价通知书，拟订合同文本和优化采购程序的专业化服务水平，根据采购人委托在规定的时间内及时组织采购人与中标或者成交供应商签订政府采购合同，及时协助采购人对采购项目进行验收。

第十四条　采购代理机构不得以不正当手段获取政府采购代理业务，不得与采购人、供应商恶意串通操纵政府采购活动。

采购代理机构工作人员不得接受采购人或者供应商组织的宴

请、旅游、娱乐，不得收受礼品、现金、有价证券等，不得向采购人或者供应商报销应当由个人承担的费用。

第十五条 采购人、采购代理机构应当根据政府采购政策、采购预算、采购需求编制采购文件。

采购需求应当符合法律法规以及政府采购政策规定的技术、服务、安全等要求。政府向社会公众提供的公共服务项目，应当就确定采购需求征求社会公众的意见。除因技术复杂或者性质特殊，不能确定详细规格或者具体要求外，采购需求应当完整、明确。必要时，应当就确定采购需求征求相关供应商、专家的意见。

第十六条 政府采购法第二十条规定的委托代理协议，应当明确代理采购的范围、权限和期限等具体事项。

采购人和采购代理机构应当按照委托代理协议履行各自义务，采购代理机构不得超越代理权限。

第十七条 参加政府采购活动的供应商应当具备政府采购法第二十二条第一款规定的条件，提供下列材料：

（一）法人或者其他组织的营业执照等证明文件，自然人的身份证明；

（二）财务状况报告，依法缴纳税收和社会保障资金的相关材料；

（三）具备履行合同所必需的设备和专业技术能力的证明材料；

（四）参加政府采购活动前 3 年内在经营活动中没有重大违法记录的书面声明；

（五）具备法律、行政法规规定的其他条件的证明材料。

采购项目有特殊要求的，供应商还应当提供其符合特殊要求的证明材料或者情况说明。

第十八条 单位负责人为同一人或者存在直接控股、管理关系的不同供应商，不得参加同一合同项下的政府采购活动。

除单一来源采购项目外，为采购项目提供整体设计、规范编制或者项目管理、监理、检测等服务的供应商，不得再参加该采购项目的其他采购活动。

第十九条 政府采购法第二十二条第一款第五项所称重大违法记录，是指供应商因违法经营受到刑事处罚或者责令停产停业、吊销许可证或者执照、较大数额罚款等行政处罚。

供应商在参加政府采购活动前 3 年内因违法经营被禁止在一定期限内参加政府采购活动，期限届满的，可以参加政府采购活动。

第二十条 采购人或者采购代理机构有下列情形之一的，属于以不合理的条件对供应商实行差别待遇或者歧视待遇：

（一）就同一采购项目向供应商提供有差别的项目信息；

（二）设定的资格、技术、商务条件与采购项目的具体特点和实际需要不相适应或者与合同履行无关；

（三）采购需求中的技术、服务等要求指向特定供应商、特定产品；

（四）以特定行政区域或者特定行业的业绩、奖项作为加分条件或者中标、成交条件；

（五）对供应商采取不同的资格审查或者评审标准；

（六）限定或者指定特定的专利、商标、品牌或者供应商；

（七）非法限定供应商的所有制形式、组织形式或者所在地；

（八）以其他不合理条件限制或者排斥潜在供应商。

第二十一条 采购人或者采购代理机构对供应商进行资格预审的，资格预审公告应当在省级以上人民政府财政部门指定的媒体上发布。已进行资格预审的，评审阶段可以不再对供应商资格进行审查。资格预审合格的供应商在评审阶段资格发生变化的，应当通知采购人和采购代理机构。

资格预审公告应当包括采购人和采购项目名称、采购需求、对供应商的资格要求以及供应商提交资格预审申请文件的时间和地点。提交资格预审申请文件的时间自公告发布之日起不得少于5个工作日。

第二十二条 联合体中有同类资质的供应商按照联合体分工承担相同工作的，应当按照资质等级较低的供应商确定资质等级。

以联合体形式参加政府采购活动的，联合体各方不得再单独参加或者与其他供应商另外组成联合体参加同一合同项下的政府采购活动。

第三章 政府采购方式

第二十三条 采购人采购公开招标数额标准以上的货物或者服务，符合政府采购法第二十九条、第三十条、第三十一条、第三十二条规定情形或者有需要执行政府采购政策等特殊情况的，经设区的市级以上人民政府财政部门批准，可以依法采用公开招标以外的采购方式。

第二十四条 列入集中采购目录的项目，适合实行批量集中采购的，应当实行批量集中采购，但紧急的小额零星货物项目和有特殊要求的服务、工程项目除外。

第二十五条 政府采购工程依法不进行招标的，应当依照政府采购法和本条例规定的竞争性谈判或者单一来源采购方式采购。

第二十六条 政府采购法第三十条第三项规定的情形，应当是采购人不可预见的或者非因采购人拖延导致的；第四项规定的情形，是指因采购艺术品或者因专利、专有技术或者因服务的时间、数量事先不能确定等导致不能事先计算出价格总额。

第二十七条 政府采购法第三十一条第一项规定的情形，是指因货物或者服务使用不可替代的专利、专有技术，或者公共服务项目具有特殊要求，导致只能从某一特定供应商处采购。

第二十八条 在一个财政年度内，采购人将一个预算项目下的同一品目或者类别的货物、服务采用公开招标以外的方式多次采购，累计资金数额超过公开招标数额标准的，属于以化整为零方式规避公开招标，但项目预算调整或者经批准采用公开招标以外方式采购除外。

第四章 政府采购程序

第二十九条 采购人应当根据集中采购目录、采购限额标准和已批复的部门预算编制政府采购实施计划，报本级人民政府财政部门备案。

第三十条 采购人或者采购代理机构应当在招标文件、谈判文件、询价通知书中公开采购项目预算金额。

第三十一条 招标文件的提供期限自招标文件开始发出之日起不得少于5个工作日。

采购人或者采购代理机构可以对已发出的招标文件进行必要的澄清或者修改。澄清或者修改的内容可能影响投标文件编制的，采购人或者采购代理机构应当在投标截止时间至少15日前，以书面形式通知所有获取招标文件的潜在投标人；不足15日的，采购人或者采购代理机构应当顺延提交投标文件的截止时间。

第三十二条 采购人或者采购代理机构应当按照国务院财政部门制订的招标文件标准文本编制招标文件。

招标文件应当包括采购项目的商务条件、采购需求、投标人的资格条件、投标报价要求、评标方法、评标标准以及拟签订的合同文本等。

第三十三条 招标文件要求投标人提交投标保证金的，投标保证金不得超过采购项目预算金额的2%。投标保证金应当以支票、汇票、本票或者金融机构、担保机构出具的保函等非现金形式提交。投标人未按照招标文件要求提交投标保证金的，投标无效。

采购人或者采购代理机构应当自中标通知书发出之日起5个工作日内退还未中标供应商的投标保证金，自政府采购合同签订之日起5个工作日内退还中标供应商的投标保证金。

竞争性谈判或者询价采购中要求参加谈判或者询价的供应商提交保证金的，参照前两款的规定执行。

第三十四条 政府采购招标评标方法分为最低评标价法和综合评分法。

最低评标价法，是指投标文件满足招标文件全部实质性要求且投标报价最低的供应商为中标候选人的评标方法。综合评分法，是指投标文件满足招标文件全部实质性要求且按照评审因素的量化指标评审得分最高的供应商为中标候选人的评标方法。

技术、服务等标准统一的货物和服务项目，应当采用最低评标价法。

采用综合评分法的，评审标准中的分值设置应当与评审因素的量化指标相对应。

招标文件中没有规定的评标标准不得作为评审的依据。

第三十五条 谈判文件不能完整、明确列明采购需求，需要由供应商提供最终设计方案或者解决方案的，在谈判结束后，谈判小组应当按照少数服从多数的原则投票推荐3家以上供应商的设计方案或者解决方案，并要求其在规定时间内提交最后报价。

第三十六条 询价通知书应当根据采购需求确定政府采购合同条款。在询价过程中，询价小组不得改变询价通知书所确定的政府采购合同条款。

第三十七条 政府采购法第三十八条第五项、第四十条第四项所称质量和服务相等，是指供应商提供的产品质量和服务均能满足采购文件规定的实质性要求。

第三十八条 达到公开招标数额标准，符合政府采购法第三十一条第一项规定情形，只能从唯一供应商处采购的，采购人应当将采购项目信息和唯一供应商名称在省级以上人民政府财政部门指定的媒体上公示，公示期不得少于5个工作日。

第三十九条 除国务院财政部门规定的情形外，采购人或者采购代理机构应当从政府采购评审专家库中随机抽取评审专家。

第四十条 政府采购评审专家应当遵守评审工作纪律，不得泄露评审文件、评审情况和评审中获悉的商业秘密。

评标委员会、竞争性谈判小组或者询价小组在评审过程中发现供应商有行贿、提供虚假材料或者串通等违法行为的，应当及时向财政部门报告。

政府采购评审专家在评审过程中受到非法干预的，应当及时向财政、监察等部门举报。

第四十一条 评标委员会、竞争性谈判小组或者询价小组成员应当按照客观、公正、审慎的原则，根据采购文件规定的评审程序、评审方法和评审标准进行独立评审。采购文件内容违反国家有关强制性规定的，评标委员会、竞争性谈判小组或者询价小组应当停止评审并向采购人或者采购代理机构说明情况。

评标委员会、竞争性谈判小组或者询价小组成员应当在评审报告上签字，对自己的评审意见承担法律责任。对评审报告有异议的，应当在评审报告上签署不同意见，并说明理由，否则视为同意评审报告。

第四十二条 采购人、采购代理机构不得向评标委员会、竞争性谈判小组或者询价小组的评审专家作倾向性、误导性的解释或者说明。

第四十三条 采购代理机构应当自评审结束之日起 2 个工作日内将评审报告送交采购人。采购人应当自收到评审报告之日起 5 个工作日内在评审报告推荐的中标或者成交候选人中按顺序确定中标或者成交供应商。

采购人或者采购代理机构应当自中标、成交供应商确定之日起 2 个工作日内，发出中标、成交通知书，并在省级以上人民政府财政部门指定的媒体上公告中标、成交结果，招标文件、竞争性谈判文件、询价通知书随中标、成交结果同时公告。

中标、成交结果公告内容应当包括采购人和采购代理机构的名称、地址、联系方式，项目名称和项目编号，中标或者成交供应商名称、地址和中标或者成交金额，主要中标或者成交标的的名称、规格型号、数量、单价、服务要求以及评审专家名单。

第四十四条 除国务院财政部门规定的情形外，采购人、采购代理机构不得以任何理由组织重新评审。采购人、采购代理机构按照国务院财政部门的规定组织重新评审的，应当书面报告本级人民政府财政部门。

采购人或者采购代理机构不得通过对样品进行检测、对供应商进行考察等方式改变评审结果。

第四十五条 采购人或者采购代理机构应当按照政府采购合同规定的技术、服务、安全标准组织对供应商履约情况进行验收，并出具验收书。验收书应当包括每一项技术、服务、安全标准的履约情况。

政府向社会公众提供的公共服务项目，验收时应当邀请服务对象参与并出具意见，验收结果应当向社会公告。

第四十六条 政府采购法第四十二条规定的采购文件，可以用电子档案方式保存。

第五章 政府采购合同

第四十七条 国务院财政部门应当会同国务院有关部门制订政府采购合同标准文本。

第四十八条 采购文件要求中标或者成交供应商提交履约保

证金的，供应商应当以支票、汇票、本票或者金融机构、担保机构出具的保函等非现金形式提交。履约保证金的数额不得超过政府采购合同金额的 10%。

第四十九条 中标或者成交供应商拒绝与采购人签订合同的，采购人可以按照评审报告推荐的中标或者成交候选人名单排序，确定下一候选人为中标或者成交供应商，也可以重新开展政府采购活动。

第五十条 采购人应当自政府采购合同签订之日起 2 个工作日内，将政府采购合同在省级以上人民政府财政部门指定的媒体上公告，但政府采购合同中涉及国家秘密、商业秘密的内容除外。

第五十一条 采购人应当按照政府采购合同规定，及时向中标或者成交供应商支付采购资金。

政府采购项目资金支付程序，按照国家有关财政资金支付管理的规定执行。

第六章 质疑与投诉

第五十二条 采购人或者采购代理机构应当在 3 个工作日内对供应商依法提出的询问作出答复。

供应商提出的询问或者质疑超出采购人对采购代理机构委托授权范围的，采购代理机构应当告知供应商向采购人提出。

政府采购评审专家应当配合采购人或者采购代理机构答复供应商的询问和质疑。

第五十三条 政府采购法第五十二条规定的供应商应知其权

益受到损害之日，是指：

（一）对可以质疑的采购文件提出质疑的，为收到采购文件之日或者采购文件公告期限届满之日；

（二）对采购过程提出质疑的，为各采购程序环节结束之日；

（三）对中标或者成交结果提出质疑的，为中标或者成交结果公告期限届满之日。

第五十四条 询问或者质疑事项可能影响中标、成交结果的，采购人应当暂停签订合同，已经签订合同的，应当中止履行合同。

第五十五条 供应商质疑、投诉应当有明确的请求和必要的证明材料。供应商投诉的事项不得超出已质疑事项的范围。

第五十六条 财政部门处理投诉事项采用书面审查的方式，必要时可以进行调查取证或者组织质证。

对财政部门依法进行的调查取证，投诉人和与投诉事项有关的当事人应当如实反映情况，并提供相关材料。

第五十七条 投诉人捏造事实、提供虚假材料或者以非法手段取得证明材料进行投诉的，财政部门应当予以驳回。

财政部门受理投诉后，投诉人书面申请撤回投诉的，财政部门应当终止投诉处理程序。

第五十八条 财政部门处理投诉事项，需要检验、检测、鉴定、专家评审以及需要投诉人补正材料的，所需时间不计算在投诉处理期限内。

财政部门对投诉事项作出的处理决定，应当在省级以上人民政府财政部门指定的媒体上公告。

第七章　监督检查

第五十九条　政府采购法第六十三条所称政府采购项目的采购标准，是指项目采购所依据的经费预算标准、资产配置标准和技术、服务标准等。

第六十条　除政府采购法第六十六条规定的考核事项外，财政部门对集中采购机构的考核事项还包括：

（一）政府采购政策的执行情况；

（二）采购文件编制水平；

（三）采购方式和采购程序的执行情况；

（四）询问、质疑答复情况；

（五）内部监督管理制度建设及执行情况；

（六）省级以上人民政府财政部门规定的其他事项。

财政部门应当制订考核计划，定期对集中采购机构进行考核，考核结果有重要情况的，应当向本级人民政府报告。

第六十一条　采购人发现采购代理机构有违法行为的，应当要求其改正。采购代理机构拒不改正的，采购人应当向本级人民政府财政部门报告，财政部门应当依法处理。

采购代理机构发现采购人的采购需求存在以不合理条件对供应商实行差别待遇、歧视待遇或者其他不符合法律、法规和政府采购政策规定内容，或者发现采购人有其他违法行为的，应当建议其改正。采购人拒不改正的，采购代理机构应当向采购人的本级人民政府财政部门报告，财政部门应当依法处理。

第六十二条　省级以上人民政府财政部门应当对政府采购评

审专家库实行动态管理，具体管理办法由国务院财政部门制订。

采购人或者采购代理机构应当对评审专家在政府采购活动中的职责履行情况予以记录，并及时向财政部门报告。

第六十三条 各级人民政府财政部门和其他有关部门应当加强对参加政府采购活动的供应商、采购代理机构、评审专家的监督管理，对其不良行为予以记录，并纳入统一的信用信息平台。

第六十四条 各级人民政府财政部门对政府采购活动进行监督检查，有权查阅、复制有关文件、资料，相关单位和人员应当予以配合。

第六十五条 审计机关、监察机关以及其他有关部门依法对政府采购活动实施监督，发现采购当事人有违法行为的，应当及时通报财政部门。

第八章 法律责任

第六十六条 政府采购法第七十一条规定的罚款，数额为10万元以下。

政府采购法第七十二条规定的罚款，数额为5万元以上25万元以下。

第六十七条 采购人有下列情形之一的，由财政部门责令限期改正，给予警告，对直接负责的主管人员和其他直接责任人员依法给予处分，并予以通报：

（一）未按照规定编制政府采购实施计划或者未按照规定将政府采购实施计划报本级人民政府财政部门备案；

（二）将应当进行公开招标的项目化整为零或者以其他任何

方式规避公开招标；

（三）未按照规定在评标委员会、竞争性谈判小组或者询价小组推荐的中标或者成交候选人中确定中标或者成交供应商；

（四）未按照采购文件确定的事项签订政府采购合同；

（五）政府采购合同履行中追加与合同标的相同的货物、工程或者服务的采购金额超过原合同采购金额10%；

（六）擅自变更、中止或者终止政府采购合同；

（七）未按照规定公告政府采购合同；

（八）未按照规定时间将政府采购合同副本报本级人民政府财政部门和有关部门备案。

第六十八条　采购人、采购代理机构有下列情形之一的，依照政府采购法第七十一条、第七十八条的规定追究法律责任：

（一）未依照政府采购法和本条例规定的方式实施采购；

（二）未依法在指定的媒体上发布政府采购项目信息；

（三）未按照规定执行政府采购政策；

（四）违反本条例第十五条的规定导致无法组织对供应商履约情况进行验收或者国家财产遭受损失；

（五）未依法从政府采购评审专家库中抽取评审专家；

（六）非法干预采购评审活动；

（七）采用综合评分法时评审标准中的分值设置未与评审因素的量化指标相对应；

（八）对供应商的询问、质疑逾期未作处理；

（九）通过对样品进行检测、对供应商进行考察等方式改变评审结果；

（十）未按照规定组织对供应商履约情况进行验收。

第六十九条 集中采购机构有下列情形之一的，由财政部门责令限期改正，给予警告，有违法所得的，并处没收违法所得，对直接负责的主管人员和其他直接责任人员依法给予处分，并予以通报：

（一）内部监督管理制度不健全，对依法应当分设、分离的岗位、人员未分设、分离；

（二）将集中采购项目委托其他采购代理机构采购；

（三）从事营利活动。

第七十条 采购人员与供应商有利害关系而不依法回避的，由财政部门给予警告，并处2000元以上2万元以下的罚款。

第七十一条 有政府采购法第七十一条、第七十二条规定的违法行为之一，影响或者可能影响中标、成交结果的，依照下列规定处理：

（一）未确定中标或者成交供应商的，终止本次政府采购活动，重新开展政府采购活动。

（二）已确定中标或者成交供应商但尚未签订政府采购合同的，中标或者成交结果无效，从合格的中标或者成交候选人中另行确定中标或者成交供应商；没有合格的中标或者成交候选人的，重新开展政府采购活动。

（三）政府采购合同已签订但尚未履行的，撤销合同，从合格的中标或者成交候选人中另行确定中标或者成交供应商；没有合格的中标或者成交候选人的，重新开展政府采购活动。

（四）政府采购合同已经履行，给采购人、供应商造成损失的，由责任人承担赔偿责任。

政府采购当事人有其他违反政府采购法或者本条例规定的行

为，经改正后仍然影响或者可能影响中标、成交结果或者依法被认定为中标、成交无效的，依照前款规定处理。

第七十二条 供应商有下列情形之一的，依照政府采购法第七十七条第一款的规定追究法律责任：

（一）向评标委员会、竞争性谈判小组或者询价小组成员行贿或者提供其他不正当利益；

（二）中标或者成交后无正当理由拒不与采购人签订政府采购合同；

（三）未按照采购文件确定的事项签订政府采购合同；

（四）将政府采购合同转包；

（五）提供假冒伪劣产品；

（六）擅自变更、中止或者终止政府采购合同。

供应商有前款第一项规定情形的，中标、成交无效。评审阶段资格发生变化，供应商未依照本条例第二十一条的规定通知采购人和采购代理机构的，处以采购金额5‰的罚款，列入不良行为记录名单，中标、成交无效。

第七十三条 供应商捏造事实、提供虚假材料或者以非法手段取得证明材料进行投诉的，由财政部门列入不良行为记录名单，禁止其1年至3年内参加政府采购活动。

第七十四条 有下列情形之一的，属于恶意串通，对供应商依照政府采购法第七十七条第一款的规定追究法律责任，对采购人、采购代理机构及其工作人员依照政府采购法第七十二条的规定追究法律责任：

（一）供应商直接或者间接从采购人或者采购代理机构处获得其他供应商的相关情况并修改其投标文件或者响应文件；

（二）供应商按照采购人或者采购代理机构的授意撤换、修改投标文件或者响应文件；

（三）供应商之间协商报价、技术方案等投标文件或者响应文件的实质性内容；

（四）属于同一集团、协会、商会等组织成员的供应商按照该组织要求协同参加政府采购活动；

（五）供应商之间事先约定由某一特定供应商中标、成交；

（六）供应商之间商定部分供应商放弃参加政府采购活动或者放弃中标、成交；

（七）供应商与采购人或者采购代理机构之间、供应商相互之间，为谋求特定供应商中标、成交或者排斥其他供应商的其他串通行为。

第七十五条 政府采购评审专家未按照采购文件规定的评审程序、评审方法和评审标准进行独立评审或者泄露评审文件、评审情况的，由财政部门给予警告，并处2000元以上2万元以下的罚款；影响中标、成交结果的，处2万元以上5万元以下的罚款，禁止其参加政府采购评审活动。

政府采购评审专家与供应商存在利害关系未回避的，处2万元以上5万元以下的罚款，禁止其参加政府采购评审活动。

政府采购评审专家收受采购人、采购代理机构、供应商贿赂或者获取其他不正当利益，构成犯罪的，依法追究刑事责任；尚不构成犯罪的，处2万元以上5万元以下的罚款，禁止其参加政府采购评审活动。

政府采购评审专家有上述违法行为的，其评审意见无效，不得获取评审费；有违法所得的，没收违法所得；给他人造成损失的，依法承担民事责任。

第七十六条 政府采购当事人违反政府采购法和本条例规定，给他人造成损失的，依法承担民事责任。

第七十七条 财政部门在履行政府采购监督管理职责中违反政府采购法和本条例规定，滥用职权、玩忽职守、徇私舞弊的，对直接负责的主管人员和其他直接责任人员依法给予处分；直接负责的主管人员和其他直接责任人员构成犯罪的，依法追究刑事责任。

第九章 附 则

第七十八条 财政管理实行省直接管理的县级人民政府可以根据需要并报经省级人民政府批准，行使政府采购法和本条例规定的设区的市级人民政府批准变更采购方式的职权。

第七十九条 本条例自 2015 年 3 月 1 日起施行。

中华人民共和国主席令

第二十一号

《中华人民共和国招标投标法》已由中华人民共和国第九届全国人民代表大会常务委员会第十一次会议于1999年8月30日通过，现予公布，自2000年1月1日起施行。

中华人民共和国主席　江泽民

1999年8月30日

中华人民共和国招标投标法

第一章　总　则

第一条　为了规范招标投标活动，保护国家利益、社会公共利益和招标投标活动当事人的合法权益，提高经济效益，保证项目质量，制订本法。

第二条　在中华人民共和国境内进行招标投标活动，适用本法。

第三条　在中华人民共和国境内进行下列工程建设项目包括项目的勘察、设计、施工、监理以及与工程建设有关的重要设备、材料等的采购，必须进行招标：

（一）大型基础设施、公用事业等关系社会公共利益、公众安全的项目；

（二）全部或者部分使用国有资金投资或者国家融资的项目；

（三）使用国际组织或者外国政府贷款、援助资金的项目。

前款所列项目的具体范围和规模标准，由国务院发展计划部门会同国务院有关部门制订，报国务院批准。

法律或者国务院对必须进行招标的其他项目的范围有规定的，依照其规定。

第四条 任何单位和个人不得将依法必须进行招标的项目化整为零或者以其他任何方式规避招标。

第五条 招标投标活动应当遵循公开、公平、公正和诚实信用的原则。

第六条 依法必须进行招标的项目，其招标投标活动不受地区或者部门的限制。任何单位和个人不得违法限制或者排斥本地区、本系统以外的法人或者其他组织参加投标，不得以任何方式非法干涉招标投标活动。

第七条 招标投标活动及其当事人应当接受依法实施的监督。

有关行政监督部门依法对招标投标活动实施监督，依法查处招标投标活动中的违法行为。

对招标投标活动的行政监督及有关部门的具体职权划分，由国务院规定。

第二章 招 标

第八条 招标人是依照本法规定提出招标项目、进行招标的法人或者其他组织。

第九条 招标项目按照国家有关规定需要履行项目审批手续的，应当先履行审批手续，取得批准。

招标人应当有进行招标项目的相应资金或者资金来源已经落实，并应当在招标文件中如实载明。

第十条 招标分为公开招标和邀请招标。

公开招标，是指招标人以招标公告的方式邀请不特定的法人或者其他组织投标。

邀请招标，是指招标人以投标邀请书的方式邀请特定的法人或者其他组织投标。

第十一条 国务院发展计划部门确定的国家重点项目和省、自治区、直辖市人民政府确定的地方重点项目不适宜公开招标的，经国务院发展计划部门或者省、自治区、直辖市人民政府批准，可以进行邀请招标。

第十二条 招标人有权自行选择招标代理机构，委托其办理招标事宜。任何单位和个人不得以任何方式为招标人指定招标代理机构。

招标人具有编制招标文件和组织评标能力的，可以自行办理招标事宜。任何单位和个人不得强制其委托招标代理机构办理招标事宜。

依法必须进行招标的项目，招标人自行办理招标事宜的，应当向有关行政监督部门备案。

第十三条 招标代理机构是依法设立、从事招标代理业务并提供相关服务的社会中介组织。

招标代理机构应当具备下列条件：

（一）有从事招标代理业务的营业场所和相应资金；

（二）有能够编制招标文件和组织评标的相应专业力量；

（三）有符合本法第三十七条第三款规定条件、可以作为评标委员会成员人选的技术、经济等方面的专家库。

第十四条 从事工程建设项目招标代理业务的招标代理机构，其资格由国务院或者省、自治区、直辖市人民政府的建设行政主管部门认定。具体办法由国务院建设行政主管部门会同国务院有关部门制订。从事其他招标代理业务的招标代理机构，其资格认定的主管部门由国务院规定。

招标代理机构与行政机关和其他国家机关不得存在隶属关系或者其他利益关系。

第十五条 招标代理机构应当在招标人委托的范围内办理招标事宜，并遵守本法关于招标人的规定。

第十六条 招标人采用公开招标方式的，应当发布招标公告。依法必须进行招标的项目的招标公告，应当通过国家指定的报刊、信息网络或者其他媒介发布。

招标公告应当载明招标人的名称和地址、招标项目的性质、数量、实施地点和时间以及获取招标文件的办法等事项。

第十七条 招标人采用邀请招标方式的，应当向三个以上具备承担招标项目的能力、资信良好的特定的法人或者其他组织发出投标邀请书。

投标邀请书应当载明本法第十六条第二款规定的事项。

第十八条 招标人可以根据招标项目本身的要求，在招标公告或者投标邀请书中，要求潜在投标人提供有关资质证明文件和业绩情况，并对潜在投标人进行资格审查；国家对投标人的资格条件有规定的，依照其规定。

招标人不得以不合理的条件限制或者排斥潜在投标人，不得对潜在投标人实行歧视待遇。

第十九条　招标人应当根据招标项目的特点和需要编制招标文件。招标文件应当包括招标项目的技术要求、对投标人资格审查的标准、投标报价要求和评标标准等所有实质性要求和条件以及拟签订合同的主要条款。

国家对招标项目的技术、标准有规定的，招标人应当按照其规定在招标文件中提出相应要求。

招标项目需要划分标段、确定工期的，招标人应当合理划分标段、确定工期，并在招标文件中载明。

第二十条　招标文件不得要求或者标明特定的生产供应者以及含有倾向或者排斥潜在投标人的其他内容。

第二十一条　招标人根据招标项目的具体情况，可以组织潜在投标人踏勘项目现场。

第二十二条　招标人不得向他人透露已获取招标文件的潜在投标人的名称、数量以及可能影响公平竞争的有关招标投标的其他情况。

招标人设有标底的，标底必须保密。

第二十三条　招标人对已发出的招标文件进行必要的澄清或者修改的，应当在招标文件要求提交投标文件截止时间至少十五日前，以书面形式通知所有招标文件收受人。该澄清或者修改的内容为招标文件的组成部分。

第二十四条　招标人应当确定投标人编制投标文件所需要的合理时间；但是，依法必须进行招标的项目，自招标文件开始发出之日起至投标人提交投标文件截止之日止，最短不得少于二十日。

第三章　投　标

第二十五条　投标人是响应招标、参加投标竞争的法人或者其他组织。

依法招标的科研项目允许个人参加投标的，投标的个人适用本法有关投标人的规定。

第二十六条　投标人应当具备承担招标项目的能力；国家有关规定对投标人资格条件或者招标文件对投标人资格条件有规定的，投标人应当具备规定的资格条件。

第二十七条　投标人应当按照招标文件的要求编制投标文件。投标文件应当对招标文件提出的实质性要求和条件作出响应。

招标项目属于建设施工的，投标文件的内容应当包括拟派出的项目负责人与主要技术人员的简历、业绩和拟用于完成招标项目的机械设备等。

第二十八条　投标人应当在招标文件要求提交投标文件的截止时间前，将投标文件送达投标地点。招标人收到投标文件后，应当签收保存，不得开启。投标人少于三个的，招标人应当依照本法重新招标。

在招标文件要求提交投标文件的截止时间后送达的投标文件，招标人应当拒收。

第二十九条　投标人在招标文件要求提交投标文件的截止时

间前，可以补充、修改或者撤回已提交的投标文件，并书面通知招标人。补充、修改的内容为投标文件的组成部分。

第三十条 投标人根据招标文件载明的项目实际情况，拟在中标后将中标项目的部分非主体、非关键性工作进行分包的，应当在投标文件中载明。

第三十一条 两个以上法人或者其他组织可以组成一个联合体，以一个投标人的身份共同投标。

联合体各方均应当具备承担招标项目的相应能力；国家有关规定或者招标文件对投标人资格条件有规定的，联合体各方均应当具备规定的相应资格条件。由同一专业的单位组成的联合体，按照资质等级较低的单位确定资质等级。

联合体各方应当签订共同投标协议，明确约定各方拟承担的工作和责任，并将共同投标协议连同投标文件一并提交招标人。联合体中标的，联合体各方应当共同与招标人签订合同，就中标项目向招标人承担连带责任。

招标人不得强制投标人组成联合体共同投标，不得限制投标人之间的竞争。

第三十二条 投标人不得相互串通投标报价，不得排挤其他投标人的公平竞争，损害招标人或者其他投标人的合法权益。

投标人不得与招标人串通投标，损害国家利益、社会公共利益或者他人的合法权益。

禁止投标人以向招标人或者评标委员会成员行贿的手段谋取中标。

第三十三条 投标人不得以低于成本的报价竞标，也不得以他人名义投标或者以其他方式弄虚作假，骗取中标。

第四章　开标、评标和中标

第三十四条　开标应当在招标文件确定的提交投标文件截止时间的同一时间公开进行；开标地点应当为招标文件中预先确定的地点。

第三十五条　开标由招标人主持，邀请所有投标人参加。

第三十六条　开标时，由投标人或者其推选的代表检查投标文件的密封情况，也可以由招标人委托的公证机构检查并公证；经确认无误后，由工作人员当众拆封，宣读投标人名称、投标价格和投标文件的其他主要内容。

招标人在招标文件要求提交投标文件的截止时间前收到的所有投标文件，开标时都应当当众予以拆封、宣读。

开标过程应当记录，并存档备查。

第三十七条　评标由招标人依法组建的评标委员会负责。

依法必须进行招标的项目，其评标委员会由招标人的代表和有关技术、经济等方面的专家组成，成员人数为五人以上单数，其中技术、经济等方面的专家不得少于成员总数的三分之二。

前款专家应当从事相关领域工作满八年并具有高级职称或者具有同等专业水平，由招标人从国务院有关部门或者省、自治区、直辖市人民政府有关部门提供的专家名册或者招标代理机构的专家库内的相关专业的专家名单中确定；一般招标项目可以采取随机抽取方式，特殊招标项目可以由招标人直接确定。

与投标人有利害关系的人不得进入相关项目的评标委员会；已经进入的应当更换。

评标委员会成员的名单在中标结果确定前应当保密。

第三十八条 招标人应当采取必要的措施，保证评标在严格保密的情况下进行。

任何单位和个人不得非法干预、影响评标的过程和结果。

第三十九条 评标委员会可以要求投标人对投标文件中含义不明确的内容作必要的澄清或者说明，但是澄清或者说明不得超出投标文件的范围或者改变投标文件的实质性内容。

第四十条 评标委员会应当按照招标文件确定的评标标准和方法，对投标文件进行评审和比较；设有标底的，应当参考标底。评标委员会完成评标后，应当向招标人提出书面评标报告，并推荐合格的中标候选人。

招标人根据评标委员会提出的书面评标报告和推荐的中标候选人确定中标人。招标人也可以授权评标委员会直接确定中标人。

国务院对特定招标项目的评标有特别规定的，从其规定。

第四十一条 中标人的投标应当符合下列条件之一：

（一）能够最大限度地满足招标文件中规定的各项综合评价标准；

（二）能够满足招标文件的实质性要求，并且经评审的投标价格最低；但是投标价格低于成本的除外。

第四十二条 评标委员会经评审，认为所有投标都不符合招标文件要求的，可以否决所有投标。

依法必须进行招标的项目的所有投标被否决的，招标人应当依照本法重新招标。

第四十三条 在确定中标人前，招标人不得与投标人就投标价格、投标方案等实质性内容进行谈判。

第四十四条 评标委员会成员应当客观、公正地履行职务，遵守职业道德，对所提出的评审意见承担个人责任。

评标委员会成员不得私下接触投标人，不得收受投标人的财物或者其他好处。

评标委员会成员和参与评标的有关工作人员不得透露对投标文件的评审和比较、中标候选人的推荐情况以及与评标有关的其他情况。

第四十五条 中标人确定后，招标人应当向中标人发出中标通知书，并同时将中标结果通知所有未中标的投标人。

中标通知书对招标人和中标人具有法律效力。中标通知书发出后，招标人改变中标结果的，或者中标人放弃中标项目的，应当依法承担法律责任。

第四十六条 招标人和中标人应当自中标通知书发出之日起三十日内，按照招标文件和中标人的投标文件订立书面合同。招标人和中标人不得再行订立背离合同实质性内容的其他协议。

招标文件要求中标人提交履约保证金的，中标人应当提交。

第四十七条 依法必须进行招标的项目，招标人应当自确定中标人之日起十五日内，向有关行政监督部门提交招标投标情况的书面报告。

第四十八条 中标人应当按照合同约定履行义务，完成中标项目。中标人不得向他人转让中标项目，也不得将中标项目肢解后分别向他人转让。

中标人按照合同约定或者经招标人同意，可以将中标项目的部分非主体、非关键性工作分包给他人完成。接受分包的人应当具备相应的资格条件，并不得再次分包。

中标人应当就分包项目向招标人负责，接受分包的人就分包项目承担连带责任。

第五章　法律责任

第四十九条　违反本法规定，必须进行招标的项目而不招标的，将必须进行招标的项目化整为零或者以其他任何方式规避招标的，责令限期改正，可以处项目合同金额千分之五以上千分之十以下的罚款；对全部或者部分使用国有资金的项目，可以暂停项目执行或者暂停资金拨付；对单位直接负责的主管人员和其他直接责任人员依法给予处分。

第五十条　招标代理机构违反本法规定，泄露应当保密的与招标投标活动有关的情况和资料的，或者与招标人、投标人串通损害国家利益、社会公共利益或者他人合法权益的，处五万元以上二十五万元以下的罚款，对单位直接负责的主管人员和其他直接责任人员处单位罚款数额百分之五以上百分之十以下的罚款；有违法所得的，并处没收违法所得；情节严重的，暂停直至取消招标代理资格；构成犯罪的，依法追究刑事责任。给他人造成损失的，依法承担赔偿责任。

前款所列行为影响中标结果的，中标无效。

第五十一条　招标人以不合理的条件限制或者排斥潜在投标人的，对潜在投标人实行歧视待遇的，强制要求投标人组成联合体共同投标的，或者限制投标人之间竞争的，责令改正，可以处一万元以上五万元以下的罚款。

第五十二条 依法必须进行招标的项目的招标人向他人透露已获取招标文件的潜在投标人的名称、数量或者可能影响公平竞争的有关招标投标的其他情况的，或者泄露标底的，给予警告，可以并处一万元以上十万元以下的罚款；对单位直接负责的主管人员和其他直接责任人员依法给予处分；构成犯罪的，依法追究刑事责任。

前款所列行为影响中标结果的，中标无效。

第五十三条 投标人相互串通投标或者与招标人串通投标的，投标人以向招标人或者评标委员会成员行贿的手段谋取中标的，中标无效，处中标项目金额千分之五以上千分之十以下的罚款，对单位直接负责的主管人员和其他直接责任人员处单位罚款数额百分之五以上百分之十以下的罚款；有违法所得的，并处没收违法所得；情节严重的，取消其一年至二年内参加依法必须进行招标的项目的投标资格并予以公告，直至由工商行政管理机关吊销营业执照；构成犯罪的，依法追究刑事责任。给他人造成损失的，依法承担赔偿责任。

第五十四条 投标人以他人名义投标或者以其他方式弄虚作假，骗取中标的，中标无效，给招标人造成损失的，依法承担赔偿责任；构成犯罪的，依法追究刑事责任。

依法必须进行招标的项目的投标人有前款所列行为尚未构成犯罪的，处中标项目金额千分之五以上千分之十以下的罚款，对单位直接负责的主管人员和其他直接责任人员处单位罚款数额百分之五以上百分之十以下的罚款；有违法所得的，并处没收违法所得；情节严重的，取消其一年至三年内参加依法必须进行招标的项目的投标资格并予以公告，直至由工商行政管理机关吊销营业执照。

第五十五条 依法必须进行招标的项目，招标人违反本法规定，与投标人就投标价格、投标方案等实质性内容进行谈判的，给予警告，对单位直接负责的主管人员和其他直接责任人员依法给予处分。

前款所列行为影响中标结果的，中标无效。

第五十六条 评标委员会成员收受投标人的财物或者其他好处的，评标委员会成员或者参加评标的有关工作人员向他人透露对投标文件的评审和比较、中标候选人的推荐以及与评标有关的其他情况的，给予警告，没收收受的财物，可以并处三千元以上五万元以下的罚款，对有所列违法行为的评标委员会成员取消担任评标委员会成员的资格，不得再参加任何依法必须进行招标的项目的评标；构成犯罪的，依法追究刑事责任。

第五十七条 招标人在评标委员会依法推荐的中标候选人以外确定中标人的，依法必须进行招标的项目在所有投标被评标委员会否决后自行确定中标人的，中标无效。责令改正，可以处中标项目金额千分之五以上千分之十以下的罚款；对单位直接负责的主管人员和其他直接责任人员依法给予处分。

第五十八条 中标人将中标项目转让给他人的，将中标项目肢解后分别转让给他人的，违反本法规定将中标项目的部分主体、关键性工作分包给他人的，或者分包人再次分包的，转让、分包无效，处转让、分包项目金额千分之五以上千分之十以下的罚款；有违法所得的，并处没收违法所得；可以责令停业整顿；情节严重的，由工商行政管理机关吊销营业执照。

第五十九条 招标人与中标人不按照招标文件和中标人的投

标文件订立合同的，或者招标人、中标人订立背离合同实质性内容的协议的，责令改正；可以处中标项目金额千分之五以上千分之十以下的罚款。

第六十条 中标人不履行与招标人订立的合同的，履约保证金不予退还，给招标人造成的损失超过履约保证金数额的，还应当对超过部分予以赔偿；没有提交履约保证金的，应当对招标人的损失承担赔偿责任。

中标人不按照与招标人订立的合同履行义务，情节严重的，取消其二年至五年内参加依法必须进行招标的项目的投标资格并予以公告，直至由工商行政管理机关吊销营业执照。

因不可抗力不能履行合同的，不适用前两款规定。

第六十一条 本章规定的行政处罚，由国务院规定的有关行政监督部门决定。本法已对实施行政处罚的机关作出规定的除外。

第六十二条 任何单位违反本法规定，限制或者排斥本地区、本系统以外的法人或者其他组织参加投标的，为招标人指定招标代理机构的，强制招标人委托招标代理机构办理招标事宜的，或者以其他方式干涉招标投标活动的，责令改正；对单位直接负责的主管人员和其他直接责任人员依法给予警告、记过、记大过的处分，情节较重的，依法给予降级、撤职、开除的处分。

个人利用职权进行前款违法行为的，依照前款规定追究责任。

第六十三条 对招标投标活动依法负有行政监督职责的国家机关工作人员徇私舞弊、滥用职权或者玩忽职守，构成犯罪的，依法追究刑事责任；不构成犯罪的，依法给予行政处分。

第六十四条 依法必须进行招标的项目违反本法规定，中标无效的，应当依照本法规定的中标条件从其余投标人中重新确定中标人或者依照本法重新进行招标。

第六章 附 则

第六十五条 投标人和其他利害关系人认为招标投标活动不符合本法有关规定的，有权向招标人提出异议或者依法向有关行政监督部门投诉。

第六十六条 涉及国家安全、国家秘密、抢险救灾或者属于利用扶贫资金实行以工代赈、需要使用农民工等特殊情况，不适宜进行招标的项目，按照国家有关规定可以不进行招标。

第六十七条 使用国际组织或者外国政府贷款、援助资金的项目进行招标，贷款方、资金提供方对招标投标的具体条件和程序有不同规定的，可以适用其规定，但违背中华人民共和国的社会公共利益的除外。

第六十八条 本法自 2000 年 1 月 1 日起施行。

中华人民共和国国务院令

第613号

《中华人民共和国招标投标法实施条例》已经2011年11月30日国务院第183次常务会议通过，现予公布，自2012年2月1日起施行。

总　理　温家宝

二〇一一年十二月二十日

中华人民共和国招标投标法实施条例

第一章　总　则

第一条　为了规范招标投标活动，根据《中华人民共和国招标投标法》（以下简称《招标投标法》），制订本条例。

第二条　《招标投标法》第三条所称工程建设项目，是指工程以及与工程建设有关的货物、服务。

前款所称工程，是指建设工程，包括建筑物和构筑物的新建、改建、扩建及其相关的装修、拆除、修缮等；所称与工程建设有关的货物，是指构成工程不可分割的组成部分，且为实现工程基本功能所必需的设备、材料等；所称与工程建设有关的服务，是指为完成工程所需的勘察、设计、监理等服务。

第三条 依法必须进行招标的工程建设项目的具体范围和规模标准，由国务院发展改革部门会同国务院有关部门制订，报国务院批准后公布施行。

第四条 国务院发展改革部门指导和协调全国招标投标工作，对国家重大建设项目的工程招标投标活动实施监督检查。国务院工业和信息化、住房城乡建设、交通运输、铁道、水利、商务等部门，按照规定的职责分工对有关招标投标活动实施监督。

县级以上地方人民政府发展改革部门指导和协调本行政区域的招标投标工作。县级以上地方人民政府有关部门按照规定的职责分工，对招标投标活动实施监督，依法查处招标投标活动中的违法行为。县级以上地方人民政府对其所属部门有关招标投标活动的监督职责分工另有规定的，从其规定。

财政部门依法对实行招标投标的政府采购工程建设项目的预算执行情况和政府采购政策执行情况实施监督。

监察机关依法对与招标投标活动有关的监察对象实施监察。

第五条 设区的市级以上地方人民政府可以根据实际需要，建立统一规范的招标投标交易场所，为招标投标活动提供服务。招标投标交易场所不得与行政监督部门存在隶属关系，不得以营利为目的。

国家鼓励利用信息网络进行电子招标投标。

第六条 禁止国家工作人员以任何方式非法干涉招标投标活动。

第二章 招 标

第七条 按照国家有关规定需要履行项目审批、核准手续的依法必须进行招标的项目，其招标范围、招标方式、招标组织形式应当报项目审批、核准部门审批、核准。项目审批、核准部门应当及时将审批、核准确定的招标范围、招标方式、招标组织形式通报有关行政监督部门。

第八条 国有资金占控股或者主导地位的依法必须进行招标的项目，应当公开招标；但有下列情形之一的，可以邀请招标：

（一）技术复杂、有特殊要求或者受自然环境限制，只有少量潜在投标人可供选择；

（二）采用公开招标方式的费用占项目合同金额的比例过大。

有前款第二项所列情形，属于本条例第七条规定的项目，由项目审批、核准部门在审批、核准项目时作出认定；其他项目由招标人申请有关行政监督部门作出认定。

第九条 除招标投标法第六十六条规定的可以不进行招标的特殊情况外，有下列情形之一的，可以不进行招标：

（一）需要采用不可替代的专利或者专有技术；

（二）采购人依法能够自行建设、生产或者提供；

（三）已通过招标方式选定的特许经营项目投资人依法能够自行建设、生产或者提供；

（四）需要向原中标人采购工程、货物或者服务，否则将影响施工或者功能配套要求；

（五）国家规定的其他特殊情形。

招标人为适用前款规定弄虚作假的，属于招标投标法第四条规定的规避招标。

第十条 招标投标法第十二条第二款规定的招标人具有编制招标文件和组织评标能力，是指招标人具有与招标项目规模和复杂程度相适应的技术、经济等方面的专业人员。

第十一条 招标代理机构的资格依照法律和国务院的规定由有关部门认定。

国务院住房城乡建设、商务、发展改革、工业和信息化等部门，按照规定的职责分工对招标代理机构依法实施监督管理。

第十二条 招标代理机构应当拥有一定数量的取得招标职业资格的专业人员。取得招标职业资格的具体办法由国务院人力资源社会保障部门会同国务院发展改革部门制订。

第十三条 招标代理机构在其资格许可和招标人委托的范围内开展招标代理业务，任何单位和个人不得非法干涉。

招标代理机构代理招标业务，应当遵守招标投标法和本条例关于招标人的规定。招标代理机构不得在所代理的招标项目中投标或者代理投标，也不得为所代理的招标项目的投标人提供咨询。

招标代理机构不得涂改、出租、出借、转让资格证书。

第十四条 招标人应当与被委托的招标代理机构签订书面委托合同，合同约定的收费标准应当符合国家有关规定。

第十五条 公开招标的项目，应当依照招标投标法和本条例的规定发布招标公告、编制招标文件。

招标人采用资格预审办法对潜在投标人进行资格审查的，应当发布资格预审公告、编制资格预审文件。

依法必须进行招标的项目的资格预审公告和招标公告，应当在国务院发展改革部门依法指定的媒介发布。在不同媒介发布的同一招标项目的资格预审公告或者招标公告的内容应当一致。指定媒介发布依法必须进行招标的项目的境内资格预审公告、招标公告，不得收取费用。

编制依法必须进行招标的项目的资格预审文件和招标文件，应当使用国务院发展改革部门会同有关行政监督部门制订的标准文本。

第十六条 招标人应当按照资格预审公告、招标公告或者投标邀请书规定的时间、地点发售资格预审文件或者招标文件。资格预审文件或者招标文件的发售期不得少于5日。

招标人发售资格预审文件、招标文件收取的费用应当限于补偿印刷、邮寄的成本支出，不得以营利为目的。

第十七条 招标人应当合理确定提交资格预审申请文件的时间。依法必须进行招标的项目提交资格预审申请文件的时间，自资格预审文件停止发售之日起不得少于5日。

第十八条 资格预审应当按照资格预审文件载明的标准和方法进行。

国有资金占控股或者主导地位的依法必须进行招标的项目，招标人应当组建资格审查委员会审查资格预审申请文件。资格审查委员会及其成员应当遵守招标投标法和本条例有关评标委员会及其成员的规定。

第十九条 资格预审结束后，招标人应当及时向资格预审申请人发出资格预审结果通知书。未通过资格预审的申请人不具有投标资格。

通过资格预审的申请人少于3个的，应当重新招标。

第二十条 招标人采用资格后审办法对投标人进行资格审查的，应当在开标后由评标委员会按照招标文件规定的标准和方法对投标人的资格进行审查。

第二十一条 招标人可以对已发出的资格预审文件或者招标文件进行必要的澄清或者修改。澄清或者修改的内容可能影响资格预审申请文件或者投标文件编制的，招标人应当在提交资格预审申请文件截止时间至少 3 日前，或者投标截止时间至少 15 日前，以书面形式通知所有获取资格预审文件或者招标文件的潜在投标人；不足 3 日或者 15 日的，招标人应当顺延提交资格预审申请文件或者投标文件的截止时间。

第二十二条 潜在投标人或者其他利害关系人对资格预审文件有异议的，应当在提交资格预审申请文件截止时间 2 日前提出；对招标文件有异议的，应当在投标截止时间 10 日前提出。招标人应当自收到异议之日起 3 日内作出答复；作出答复前，应当暂停招标投标活动。

第二十三条 招标人编制的资格预审文件、招标文件的内容违反法律、行政法规的强制性规定，违反公开、公平、公正和诚实信用原则，影响资格预审结果或者潜在投标人投标的，依法必须进行招标的项目的招标人应当在修改资格预审文件或者招标文件后重新招标。

第二十四条 招标人对招标项目划分标段的，应当遵守招标投标法的有关规定，不得利用划分标段限制或者排斥潜在投标人。依法必须进行招标的项目的招标人不得利用划分标段规避招标。

第二十五条 招标人应当在招标文件中载明投标有效期。投标有效期从提交投标文件的截止之日起算。

第二十六条 招标人在招标文件中要求投标人提交投标保证金的，投标保证金不得超过招标项目估算价的 2%。投标保证金有效期应当与投标有效期一致。

依法必须进行招标的项目的境内投标单位，以现金或者支票形式提交的投标保证金应当从其基本账户转出。

招标人不得挪用投标保证金。

第二十七条 招标人可以自行决定是否编制标底。一个招标项目只能有一个标底。标底必须保密。

接受委托编制标底的中介机构不得参加受托编制标底项目的投标，也不得为该项目的投标人编制投标文件或者提供咨询。

招标人设有最高投标限价的，应当在招标文件中明确最高投标限价或者最高投标限价的计算方法。招标人不得规定最低投标限价。

第二十八条 招标人不得组织单个或者部分潜在投标人踏勘项目现场。

第二十九条 招标人可以依法对工程以及与工程建设有关的货物、服务全部或者部分实行总承包招标。以暂估价形式包括在总承包范围内的工程、货物、服务属于依法必须进行招标的项目范围且达到国家规定规模标准的，应当依法进行招标。

前款所称暂估价，是指总承包招标时不能确定价格而由招标人在招标文件中暂时估定的工程、货物、服务的金额。

第三十条 对技术复杂或者无法精确拟定技术规格的项目，招标人可以分两阶段进行招标。

第一阶段，投标人按照招标公告或者投标邀请书的要求提交不带报价的技术建议，招标人根据投标人提交的技术建议确定技术标准和要求，编制招标文件。

第二阶段，招标人向在第一阶段提交技术建议的投标人提供招标文件，投标人按照招标文件的要求提交包括最终技术方案和投标报价的投标文件。

招标人要求投标人提交投标保证金的，应当在第二阶段提出。

第三十一条 招标人终止招标的，应当及时发布公告，或者以书面形式通知被邀请的或者已经获取资格预审文件、招标文件的潜在投标人。已经发售资格预审文件、招标文件或者已经收取投标保证金的，招标人应当及时退还所收取的资格预审文件、招标文件的费用，以及所收取的投标保证金及银行同期存款利息。

第三十二条 招标人不得以不合理的条件限制、排斥潜在投标人或者投标人。

招标人有下列行为之一的，属于以不合理条件限制、排斥潜在投标人或者投标人：

（一）就同一招标项目向潜在投标人或者投标人提供有差别的项目信息；

（二）设定的资格、技术、商务条件与招标项目的具体特点和实际需要不相适应或者与合同履行无关；

（三）依法必须进行招标的项目以特定行政区域或者特定行业的业绩、奖项作为加分条件或者中标条件；

（四）对潜在投标人或者投标人采取不同的资格审查或者评标标准；

（五）限定或者指定特定的专利、商标、品牌、原产地或者供应商；

（六）依法必须进行招标的项目非法限定潜在投标人或者投标人的所有制形式或者组织形式；

（七）以其他不合理条件限制、排斥潜在投标人或者投标人。

第三章 投 标

第三十三条 投标人参加依法必须进行招标的项目的投标，不受地区或者部门的限制，任何单位和个人不得非法干涉。

第三十四条 与招标人存在利害关系可能影响招标公正性的法人、其他组织或者个人，不得参加投标。

单位负责人为同一人或者存在控股、管理关系的不同单位，不得参加同一标段投标或者未划分标段的同一招标项目投标。

违反前两款规定的，相关投标均无效。

第三十五条 投标人撤回已提交的投标文件，应当在投标截止时间前书面通知招标人。招标人已收取投标保证金的，应当自收到投标人书面撤回通知之日起5日内退还。

投标截止后投标人撤销投标文件的，招标人可以不退还投标保证金。

第三十六条 未通过资格预审的申请人提交的投标文件，以及逾期送达或者不按照招标文件要求密封的投标文件，招标人应当拒收。

招标人应当如实记载投标文件的送达时间和密封情况，并存档备查。

第三十七条 招标人应当在资格预审公告、招标公告或者投标邀请书中载明是否接受联合体投标。

招标人接受联合体投标并进行资格预审的，联合体应当在提交资格预审申请文件前组成。资格预审后联合体增减、更换成员的，其投标无效。

联合体各方在同一招标项目中以自己名义单独投标或者参加其他联合体投标的，相关投标均无效。

第三十八条 投标人发生合并、分立、破产等重大变化的，应当及时书面告知招标人。投标人不再具备资格预审文件、招标文件规定的资格条件或者其投标影响招标公正性的，其投标无效。

第三十九条 禁止投标人相互串通投标。

有下列情形之一的，属于投标人相互串通投标：

（一）投标人之间协商投标报价等投标文件的实质性内容；

（二）投标人之间约定中标人；

（三）投标人之间约定部分投标人放弃投标或者中标；

（四）属于同一集团、协会、商会等组织成员的投标人按照该组织要求协同投标；

（五）投标人之间为谋取中标或者排斥特定投标人而采取的其他联合行动。

第四十条 有下列情形之一的，视为投标人相互串通投标：

（一）不同投标人的投标文件由同一单位或者个人编制；

（二）不同投标人委托同一单位或者个人办理投标事宜；

（三）不同投标人的投标文件载明的项目管理成员为同一人；

（四）不同投标人的投标文件异常一致或者投标报价呈规律性差异；

（五）不同投标人的投标文件相互混装；

（六）不同投标人的投标保证金从同一单位或者个人的账户转出。

第四十一条 禁止招标人与投标人串通投标。

有下列情形之一的，属于招标人与投标人串通投标：

（一）招标人在开标前开启投标文件并将有关信息泄露给其他投标人；

（二）招标人直接或者间接向投标人泄露标底、评标委员会成员等信息；

（三）招标人明示或者暗示投标人压低或者抬高投标报价；

（四）招标人授意投标人撤换、修改投标文件；

（五）招标人明示或者暗示投标人为特定投标人中标提供方便；

（六）招标人与投标人为谋求特定投标人中标而采取的其他串通行为。

第四十二条 使用通过受让或者租借等方式获取的资格、资质证书投标的，属于招标投标法第三十三条规定的以他人名义投标。

投标人有下列情形之一的，属于招标投标法第三十三条规定的以其他方式弄虚作假的行为：

（一）使用伪造、变造的许可证件；

（二）提供虚假的财务状况或者业绩；

（三）提供虚假的项目负责人或者主要技术人员简历、劳动关系证明；

（四）提供虚假的信用状况；

（五）其他弄虚作假的行为。

第四十三条 提交资格预审申请文件的申请人应当遵守招标投标法和本条例有关投标人的规定。

第四章　开标、评标和中标

第四十四条　招标人应当按照招标文件规定的时间、地点开标。

投标人少于3个的，不得开标；招标人应当重新招标。

投标人对开标有异议的，应当在开标现场提出，招标人应当当场作出答复，并制作记录。

第四十五条　国家实行统一的评标专家专业分类标准和管理办法。具体标准和办法由国务院发展改革部门会同国务院有关部门制订。

省级人民政府和国务院有关部门应当组建综合评标专家库。

第四十六条　除招标投标法第三十七条第三款规定的特殊招标项目外，依法必须进行招标的项目，其评标委员会的专家成员应当从评标专家库内相关专业的专家名单中以随机抽取方式确定。任何单位和个人不得以明示、暗示等任何方式指定或者变相指定参加评标委员会的专家成员。

依法必须进行招标的项目的招标人非因招标投标法和本条例规定的事由，不得更换依法确定的评标委员会成员。更换评标委员会的专家成员应当依照前款规定进行。

评标委员会成员与投标人有利害关系的，应当主动回避。

有关行政监督部门应当按照规定的职责分工，对评标委员会成员的确定方式、评标专家的抽取和评标活动进行监督。行政监督部门的工作人员不得担任本部门负责监督项目的评标委员会成员。

第四十七条 招标投标法第三十七条第三款所称特殊招标项目，是指技术复杂、专业性强或者国家有特殊要求，采取随机抽取方式确定的专家难以保证胜任评标工作的项目。

第四十八条 招标人应当向评标委员会提供评标所必需的信息，但不得明示或者暗示其倾向或者排斥特定投标人。

招标人应当根据项目规模和技术复杂程度等因素合理确定评标时间。超过三分之一的评标委员会成员认为评标时间不够的，招标人应当适当延长。

评标过程中，评标委员会成员有回避事由、擅离职守或者因健康等原因不能继续评标的，应当及时更换。被更换的评标委员会成员作出的评审结论无效，由更换后的评标委员会成员重新进行评审。

第四十九条 评标委员会成员应当依照招标投标法和本条例的规定，按照招标文件规定的评标标准和方法，客观、公正地对投标文件提出评审意见。招标文件没有规定的评标标准和方法不得作为评标的依据。

评标委员会成员不得私下接触投标人，不得收受投标人给予的财物或者其他好处，不得向招标人征询确定中标人的意向，不得接受任何单位或者个人明示或者暗示提出的倾向或者排斥特定投标人的要求，不得有其他不客观、不公正履行职务的行为。

第五十条 招标项目设有标底的，招标人应当在开标时公布。标底只能作为评标的参考，不得以投标报价是否接近标底作为中标条件，也不得以投标报价超过标底上下浮动范围作为否决投标的条件。

第五十一条 有下列情形之一的，评标委员会应当否决其投标：

（一）投标文件未经投标单位盖章和单位负责人签字；

（二）投标联合体没有提交共同投标协议；

（三）投标人不符合国家或者招标文件规定的资格条件；

（四）同一投标人提交两个以上不同的投标文件或者投标报价，但招标文件要求提交备选投标的除外；

（五）投标报价低于成本或者高于招标文件设定的最高投标限价；

（六）投标文件没有对招标文件的实质性要求和条件作出响应；

（七）投标人有串通投标、弄虚作假、行贿等违法行为。

第五十二条 投标文件中有含义不明确的内容、明显文字或者计算错误，评标委员会认为需要投标人作出必要澄清、说明的，应当书面通知该投标人。投标人的澄清、说明应当采用书面形式，并不得超出投标文件的范围或者改变投标文件的实质性内容。

评标委员会不得暗示或者诱导投标人作出澄清、说明，不得接受投标人主动提出的澄清、说明。

第五十三条 评标完成后，评标委员会应当向招标人提交书面评标报告和中标候选人名单。中标候选人应当不超过3个，并标明排序。

评标报告应当由评标委员会全体成员签字。对评标结果有不同意见的评标委员会成员应当以书面形式说明其不同意见和理由，评标报告应当注明该不同意见。评标委员会成员拒绝在评标报告上签字又不书面说明其不同意见和理由的，视为同意评标结果。

第五十四条 依法必须进行招标的项目，招标人应当自收到评标报告之日起3日内公示中标候选人，公示期不得少于3日。

投标人或者其他利害关系人对依法必须进行招标的项目的评标结果有异议的，应当在中标候选人公示期间提出。招标人应当自收到异议之日起3日内作出答复；作出答复前，应当暂停招标投标活动。

第五十五条 国有资金占控股或者主导地位的依法必须进行招标的项目，招标人应当确定排名第一的中标候选人为中标人。排名第一的中标候选人放弃中标、因不可抗力不能履行合同、不按照招标文件要求提交履约保证金，或者被查实存在影响中标结果的违法行为等情形，不符合中标条件的，招标人可以按照评标委员会提出的中标候选人名单排序依次确定其他中标候选人为中标人，也可以重新招标。

第五十六条 中标候选人的经营、财务状况发生较大变化或者存在违法行为，招标人认为可能影响其履约能力的，应当在发出中标通知书前由原评标委员会按照招标文件规定的标准和方法审查确认。

第五十七条 招标人和中标人应当依照招标投标法和本条例的规定签订书面合同，合同的标的、价款、质量、履行期限等主要条款应当与招标文件和中标人的投标文件的内容一致。招标人和中标人不得再行订立背离合同实质性内容的其他协议。

招标人最迟应当在书面合同签订后5日内向中标人和未中标的投标人退还投标保证金及银行同期存款利息。

第五十八条 招标文件要求中标人提交履约保证金的，中标人应当按照招标文件的要求提交。履约保证金不得超过中标合同金额的10%。

第五十九条 中标人应当按照合同约定履行义务，完成中标项目。中标人不得向他人转让中标项目，也不得将中标项目肢解后分别向他人转让。

中标人按照合同约定或者经招标人同意，可以将中标项目的部分非主体、非关键性工作分包给他人完成。接受分包的人应当具备相应的资格条件，并不得再次分包。

中标人应当就分包项目向招标人负责，接受分包的人就分包项目承担连带责任。

第五章 投诉与处理

第六十条 投标人或者其他利害关系人认为招标投标活动不符合法律、行政法规规定的，可以自知道或者应当知道之日起10日内向有关行政监督部门投诉。投诉应当有明确的请求和必要的证明材料。

就本条例第二十二条、第四十四条、第五十四条规定事项投诉的，应当先向招标人提出异议，异议答复期间不计算在前款规定的期限内。

第六十一条 投诉人就同一事项向两个以上有权受理的行政监督部门投诉的，由最先收到投诉的行政监督部门负责处理。

行政监督部门应当自收到投诉之日起3个工作日内决定是否受理投诉，并自受理投诉之日起30个工作日内作出书面处理决定；需要检验、检测、鉴定、专家评审的，所需时间不计算在内。

投诉人捏造事实、伪造材料或者以非法手段取得证明材料进行投诉的，行政监督部门应当予以驳回。

第六十二条 行政监督部门处理投诉，有权查阅、复制有关文件、资料，调查有关情况，相关单位和人员应当予以配合。必要时，行政监督部门可以责令暂停招标投标活动。

行政监督部门的工作人员对监督检查过程中知悉的国家秘密、商业秘密，应当依法予以保密。

第六章 法律责任

第六十三条 招标人有下列限制或者排斥潜在投标人行为之一的，由有关行政监督部门依照招标投标法第五十一条的规定处罚：

（一）依法应当公开招标的项目不按照规定在指定媒介发布资格预审公告或者招标公告；

（二）在不同媒介发布的同一招标项目的资格预审公告或者招标公告的内容不一致，影响潜在投标人申请资格预审或者投标。

依法必须进行招标的项目的招标人不按照规定发布资格预审公告或者招标公告，构成规避招标的，依照招标投标法第四十九条的规定处罚。

第六十四条 招标人有下列情形之一的，由有关行政监督部门责令改正，可以处10万元以下的罚款：

（一）依法应当公开招标而采用邀请招标；

（二）招标文件、资格预审文件的发售、澄清、修改的时限，或者确定的提交资格预审申请文件、投标文件的时限不符合招标投标法和本条例规定；

（三）接受未通过资格预审的单位或者个人参加投标；

（四）接受应当拒收的投标文件。

招标人有前款第一项、第三项、第四项所列行为之一的，对单位直接负责的主管人员和其他直接责任人员依法给予处分。

第六十五条 招标代理机构在所代理的招标项目中投标、代理投标或者向该项目投标人提供咨询的，接受委托编制标底的中介机构参加受托编制标底项目的投标或者为该项目的投标人编制投标文件、提供咨询的，依照招标投标法第五十条的规定追究法律责任。

第六十六条 招标人超过本条例规定的比例收取投标保证金、履约保证金或者不按照规定退还投标保证金及银行同期存款利息的，由有关行政监督部门责令改正，可以处 5 万元以下的罚款；给他人造成损失的，依法承担赔偿责任。

第六十七条 投标人相互串通投标或者与招标人串通投标的，投标人向招标人或者评标委员会成员行贿谋取中标的，中标无效；构成犯罪的，依法追究刑事责任；尚不构成犯罪的，依照招标投标法第五十三条的规定处罚。投标人未中标的，对单位的罚款金额按照招标项目合同金额依照招标投标法规定的比例计算。

投标人有下列行为之一的，属于招标投标法第五十三条规定的情节严重行为，由有关行政监督部门取消其 1 年至 2 年内参加依法必须进行招标的项目的投标资格：

（一）以行贿谋取中标；

（二）3 年内 2 次以上串通投标；

（三）串通投标行为损害招标人、其他投标人或者国家、集体、公民的合法利益，造成直接经济损失 30 万元以上；

（四）其他串通投标情节严重的行为。

投标人自本条第二款规定的处罚执行期限届满之日起 3 年内又有该款所列违法行为之一的，或者串通投标、以行贿谋取中标情节特别严重的，由工商行政管理机关吊销营业执照。

法律、行政法规对串通投标报价行为的处罚另有规定的，从其规定。

第六十八条 投标人以他人名义投标或者以其他方式弄虚作假骗取中标的，中标无效；构成犯罪的，依法追究刑事责任；尚不构成犯罪的，依照招标投标法第五十四条的规定处罚。依法必须进行招标的项目的投标人未中标的，对单位的罚款金额按照招标项目合同金额依照招标投标法规定的比例计算。

投标人有下列行为之一的，属于招标投标法第五十四条规定的情节严重行为，由有关行政监督部门取消其 1 年至 3 年内参加依法必须进行招标的项目的投标资格：

（一）伪造、变造资格、资质证书或者其他许可证件骗取中标；

（二）3 年内 2 次以上使用他人名义投标；

（三）弄虚作假骗取中标给招标人造成直接经济损失 30 万元以上；

（四）其他弄虚作假骗取中标情节严重的行为。

投标人自本条第二款规定的处罚执行期限届满之日起 3 年内

又有该款所列违法行为之一的，或者弄虚作假骗取中标情节特别严重的，由工商行政管理机关吊销营业执照。

第六十九条 出让或者出租资格、资质证书供他人投标的，依照法律、行政法规的规定给予行政处罚；构成犯罪的，依法追究刑事责任。

第七十条 依法必须进行招标的项目的招标人不按照规定组建评标委员会，或者确定、更换评标委员会成员违反招标投标法和本条例规定的，由有关行政监督部门责令改正，可以处10万元以下的罚款，对单位直接负责的主管人员和其他直接责任人员依法给予处分；违法确定或者更换的评标委员会成员作出的评审结论无效，依法重新进行评审。

国家工作人员以任何方式非法干涉选取评标委员会成员的，依照本条例第八十一条的规定追究法律责任。

第七十一条 评标委员会成员有下列行为之一的，由有关行政监督部门责令改正；情节严重的，禁止其在一定期限内参加依法必须进行招标的项目的评标；情节特别严重的，取消其担任评标委员会成员的资格：

（一）应当回避而不回避；

（二）擅离职守；

（三）不按照招标文件规定的评标标准和方法评标；

（四）私下接触投标人；

（五）向招标人征询确定中标人的意向或者接受任何单位或者个人明示或者暗示提出的倾向或者排斥特定投标人的要求；

（六）对依法应当否决的投标不提出否决意见；

（七）暗示或者诱导投标人作出澄清、说明或者接受投标人主动提出的澄清、说明；

（八）其他不客观、不公正履行职务的行为。

第七十二条 评标委员会成员收受投标人的财物或者其他好处的，没收收受的财物，处3000元以上5万元以下的罚款，取消担任评标委员会成员的资格，不得再参加依法必须进行招标的项目的评标；构成犯罪的，依法追究刑事责任。

第七十三条 依法必须进行招标的项目的招标人有下列情形之一的，由有关行政监督部门责令改正，可以处中标项目金额10‰以下的罚款；给他人造成损失的，依法承担赔偿责任；对单位直接负责的主管人员和其他直接责任人员依法给予处分：

（一）无正当理由不发出中标通知书；

（二）不按照规定确定中标人；

（三）中标通知书发出后无正当理由改变中标结果；

（四）无正当理由不与中标人订立合同；

（五）在订立合同时向中标人提出附加条件。

第七十四条 中标人无正当理由不与招标人订立合同，在签订合同时向招标人提出附加条件，或者不按照招标文件要求提交履约保证金的，取消其中标资格，投标保证金不予退还。对依法必须进行招标的项目的中标人，由有关行政监督部门责令改正，可以处中标项目金额10‰以下的罚款。

第七十五条 招标人和中标人不按照招标文件和中标人的投标文件订立合同，合同的主要条款与招标文件、中标人的投标文件的内容不一致，或者招标人、中标人订立背离合同实质性内容的协议的，由有关行政监督部门责令改正，可以处中标项目金额5‰以上10‰以下的罚款。

第七十六条 中标人将中标项目转让给他人的，将中标项目肢解后分别转让给他人的，违反招标投标法和本条例规定将中标项目的部分主体、关键性工作分包给他人的，或者分包人再次分包的，转让、分包无效，处转让、分包项目金额5‰以上10‰以下的罚款；有违法所得的，并处没收违法所得；可以责令停业整顿；情节严重的，由工商行政管理机关吊销营业执照。

第七十七条 投标人或者其他利害关系人捏造事实、伪造材料或者以非法手段取得证明材料进行投诉，给他人造成损失的，依法承担赔偿责任。

招标人不按照规定对异议作出答复，继续进行招标投标活动的，由有关行政监督部门责令改正，拒不改正或者不能改正并影响中标结果的，依照本条例第八十二条的规定处理。

第七十八条 取得招标职业资格的专业人员违反国家有关规定办理招标业务的，责令改正，给予警告；情节严重的，暂停一定期限内从事招标业务；情节特别严重的，取消招标职业资格。

第七十九条 国家建立招标投标信用制度。有关行政监督部门应当依法公告对招标人、招标代理机构、投标人、评标委员会成员等当事人违法行为的行政处理决定。

第八十条 项目审批、核准部门不依法审批、核准项目招标范围、招标方式、招标组织形式的，对单位直接负责的主管人员和其他直接责任人员依法给予处分。

有关行政监督部门不依法履行职责，对违反招标投标法和本条例规定的行为不依法查处，或者不按照规定处理投诉、不依法公告对招标投标当事人违法行为的行政处理决定的，对直接负责的主管人员和其他直接责任人员依法给予处分。

项目审批、核准部门和有关行政监督部门的工作人员徇私舞弊、滥用职权、玩忽职守，构成犯罪的，依法追究刑事责任。

第八十一条 国家工作人员利用职务便利，以直接或者间接、明示或者暗示等任何方式非法干涉招标投标活动，有下列情形之一的，依法给予记过或者记大过处分；情节严重的，依法给予降级或者撤职处分；情节特别严重的，依法给予开除处分；构成犯罪的，依法追究刑事责任：

（一）要求对依法必须进行招标的项目不招标，或者要求对依法应当公开招标的项目不公开招标；

（二）要求评标委员会成员或者招标人以其指定的投标人作为中标候选人或者中标人，或者以其他方式非法干涉评标活动，影响中标结果；

（三）以其他方式非法干涉招标投标活动。

第八十二条 依法必须进行招标的项目的招标投标活动违反招标投标法和本条例的规定，对中标结果造成实质性影响，且不能采取补救措施予以纠正的，招标、投标、中标无效，应当依法重新招标或者评标。

第七章 附 则

第八十三条 招标投标协会按照依法制订的章程开展活动，加强行业自律和服务。

第八十四条 政府采购的法律、行政法规对政府采购货物、服务的招标投标另有规定的，从其规定。

第八十五条 本条例自2012年2月1日起施行。

参考文献

[1] 吴冠仪，申雅琪. 致力于效能提升的高校期刊数据库单一来源采购“放管服”探索 [J]. 大学图书馆学报，2023，41 (4)：77－83.

[2] 陈翠玲. 对图书馆图书采购存在的问题分析及对策探究 [J]. 黑龙江档案，2022 (3)：212－213.

[3] 赵新倩. 试述高校图书馆如何做好采购工作 [J]. 内蒙古科技与经济，2017 (17)：127－128.

[4] 姚瑭琦. 高校政府采购内部控制管理优化探析——基于COSO《内部控制整体框架》的探讨 [J]. 经济师，2024 (6)：123－125.

[5] 图书馆参加“四川高校政府采购图书馆文献存在的问题及对策专题研讨会” [J]. 宜宾学院学报，2016，16 (2)：127.

[6] 李劲. 高校图书馆采购工作面临的困难及对策 [J]. 湖南商学院学报，1997 (3)：48－49.

[7] 周丽霞. 高校图书馆文献采购的项目化管理研究的中期报告 [J]. 新纪实·学校体音美，2022 (7)：40－42.

[8] 李勇. 高校图书馆招标采购问题和对策研究 [J]. 内蒙

古科技与经济，2021（14）：136－137，139.

［9］黄筱玲．高校图书采购招标中存在的问题及改进策略研究［J］．河南图书馆学刊，2017，37（3）：62－64.

［10］刘甦，曹均．政府采购背景下高校图书馆图书采购的对策研究［J］．科技情报开发与经济，2013，23（24）：18－21.